图解简易耳穴疗法

秦涛◎主编

化学工业出版社
·北京·

耳穴疗法是传统中医学的重要组成部分，它具有简便、实用、适应证广、疗效迅捷等特点，早已被广大中医同仁和业余爱好者应用于防病治病中。

本书系统介绍了耳穴疗法的基础知识、操作方法及要领、耳穴定位与主治详解等内容，并以图文结合的形式详细解析了保健、美容美体以及常见病症的耳穴疗法，结构清晰、内容简单易学，且具有很强的实用性，即使没有经验的人也可以顺利完成相关的操作。

图书在版编目（CIP）数据

图解简易耳穴疗法 / 秦涛主编. —北京：化学工业出版社，2012.2
ISBN 978-7-122-13229-1

Ⅰ.图… Ⅱ.秦… Ⅲ.耳-穴位疗法-图解 Ⅳ.R245.9-64

中国版本图书馆CIP数据核字（2012）第004220号

责任编辑：邱飞婵　　文字编辑：赵爱萍
责任校对：王素芹　　装帧设计：水长流文化发展有限公司

出版发行：化学工业出版社（北京市东城区青年湖南街 13 号　邮政编码 100011）
印　　装：北京画中画印刷有限公司
880mm×1230mm　1 / 24　印张5½字数110千字　2012年5月北京第1版第1次印刷

购书咨询：010-64518888（传真：010-64519686）　　售后服务：010-64518899
网　　址：http: // www.cip.com.cn
凡购买本书，如有缺损质量问题，本社销售中心负责调换。

定　　价：28.00元

前言

PREFACE

无论是中医学还是现代医学都有一个共识：不能孤立地看待人体内的五脏六腑与体表的四肢百骸，它们之间是通过某种纽带紧密联系在一起的。这条纽带或是经络，或是神经系统，或是新提出的全息理论，无论是哪一种，都是耳穴疗法的重要基础。

传统的耳穴疗法如果从《黄帝内经》算起，距今已有2000多年的历史，起初医家认为，脏腑器官在耳郭上的反应仅仅是一个点，所采用的方法也大多依经验而定，具有偶然性和不稳定性。直到20世纪50年代，法国医师诺吉尔博士提出了耳部的“倒置胚胎学说”，才从真正意义上解决了耳郭与脏腑器官的配属问题。而之前一致认为的反应点，除了部分以外，几乎被区域（区）所取代，能更好地在耳郭上映射脏腑器官，发挥耳穴疗法的作用。

为了使读者在百忙之中，以最快速度掌握耳穴疗法，本书除了介绍耳穴疗法发展、理论基础等外，还系统地介绍了耳穴疗法的适应证、操作手法、耳穴定位与主治、耳穴诊断参考，使读者在了解耳朵对全身的影响的同时，能顺利地运用耳穴疗法的操作，以满足保健、美容或治病的需求。

本书作为实用性科普图书，尽可能做到理论联系实际，注重临床操作，努力用通俗的语言和简明的图解，适合初学者的需要，使耳穴疗法既可作为广大读者使用药物治疗时的辅助疗法，又可作为日常保健方法。由于作者水平有限，书中难免存在一些疏漏，敬请广大读者批评指正。

编者

2011年6月

目录 CONTENTS

第一章 耳穴疗法基础知识

第二章 耳穴疗法操作方法及要领

第三章 耳穴定位与主治详解

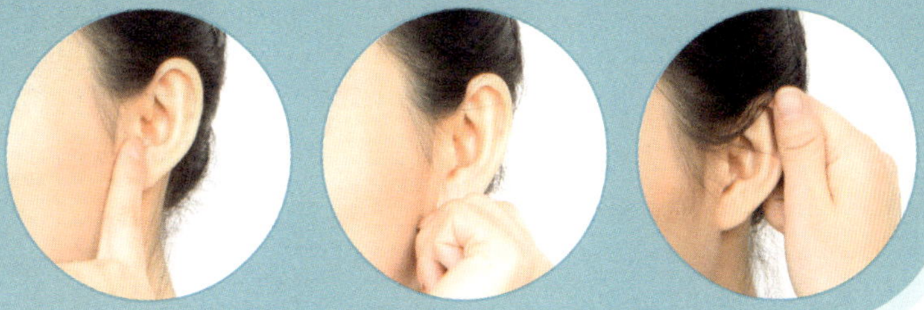

第四章 调理亚健康的耳穴疗法

第五章 美容美体的耳穴疗法

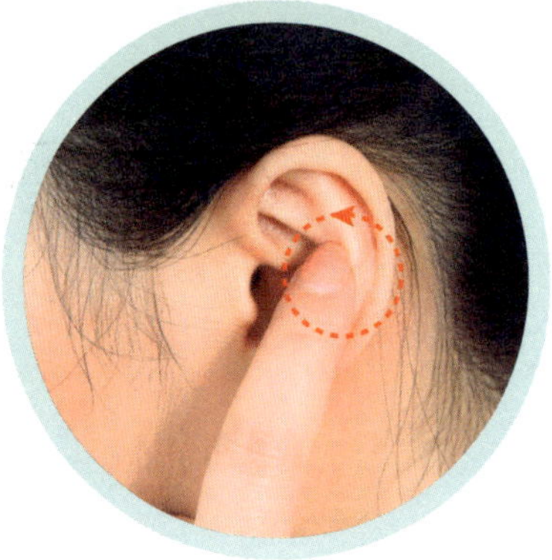

第六章
治疗常见病症的耳穴疗法

第一章

耳穴疗法基础知识

作为人体重要的听觉器官，耳一直是中医疗法不可缺少的组成部分，耳郭分布着丰富的神经、血管、淋巴等组织，并按一定规律排列着数十个穴位，如果能揭开耳的神秘面纱，就可以充分利用这些组织和穴位的特殊功效，达到通经活络、调理脏腑的目的。

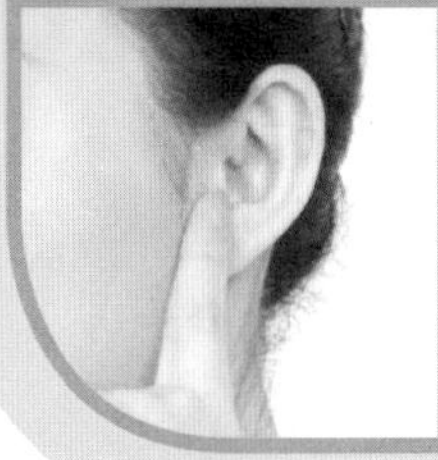

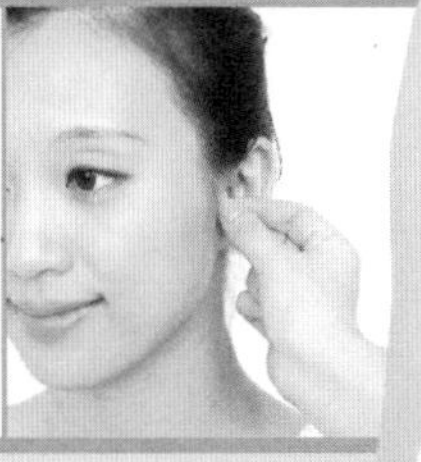

耳穴疗法发展简史

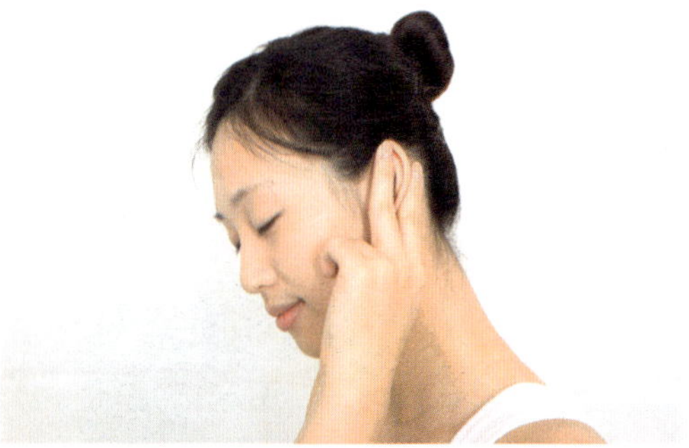

耳穴疗法在我国有悠久的历史，其中传统耳穴疗法可追溯至2100多年前。

早在春秋战国之前就有人曾提出过，耳的外形似胎儿倒悬，与胎儿身形所对应的部位代表相应的器官所在，我国第一本系统的医学基础理论专著《黄帝内经·灵枢》中，不仅首次提出了耳穴诊治疾病的原理，并且还有耳穴的描述及运用耳郭治病的记载。而在其后湖南长沙马王堆汉墓出土的《阴阳十一脉灸经》一书中，就有与上肢、眼、颊、咽喉等相联系的“耳脉”记载。

其后，我国历代医学家对耳穴疗法又不断有新的研究进展，如《针灸甲乙经·小儿杂病第十一》、《中藏经》、《杂病源流犀烛·肝病源流篇》等对耳穴诊治疾病作了记载，《备急千金要方》、《针灸资生经》、《针灸甲乙经》、《奇穴研究》、《针灸经外奇穴治疗诀》、《针灸腧穴索引》等记载了耳穴的取穴方法，《苏沈良方》、《东医宝鉴》、《世医得效方》、《小儿推拿方脉活婴秘旨全书》、《杂病源流犀烛·耳病源流篇》、《幼科铁镜》、《中国医学大辞典》、《肘后备急方》等记载了耳穴保健防病的内容。

其中最著名的是清代医学家张筱衫，他在明代医家周于蕃编著的《推拿要决》的基础之上，校订补辑而成《厘正按摩要术》，不仅详细记载了望耳郭诊病，并附有世界上第一张印制的耳背穴位图，对后世影响极大。

20世纪50年代以来，我国耳诊研究的

成就十分瞩目。1956年，法国医学博士诺基尔提出了42个耳穴点的耳穴图及其形似倒置胚胎的耳穴分布规律，经旅美华人叶肖麟摘译刊于当年的《上海中医药》上，对耳诊在我国的推广和普及起到了一定的促进作用，先后出版了《耳针疗法》、《耳针研究》、《耳针歌诀》、《耳穴按摩图谱》等一系列图书，丰富了人们对耳穴的认识，逐步充实了我国的耳穴图。

1987年，中国针灸学会受世界卫生组织西太区办事处的委托，制定了《耳穴国际标准化方案》（草案），1992年10月16日，经国家技术监督局批准颁布了《中华人民共和国国家标准 耳穴名称与部位》（GB/T 13734—1992，1993年5月1日实施），该标准现被《中华人民共和国国家标准 耳穴名称与定位》（GB/T 13734—2008）代替。这一系列措施将我国耳诊科学推上一个新的高度。

随着医学的不断发展，耳穴疗法必将发展得更好，成为一门系统、完整的新医学科学体系，为保健、治病事业做出新的贡献！

耳穴疗法理论基础

首先提出“倒置胎儿”学说的是法国医学博士保罗·诺基尔（P．Nogier），他的学说的建立得益于一个临床案例。诺基尔博士在1950年曾遇到过一个患者，这位患者患有严重的坐骨神经痛，诺基尔烧灼同侧耳郭的某一部位后，症状竟然神奇地消失了。而后，诺基尔博士又用同样的方法治愈了几例同样的患者，并通过不断实践发现用针灸等方法也能取得同样良好的效果。

我们在感叹诺基尔博士精湛医术的同时，或许也会不由自主地提出疑问：为什么看似与疾病无关的耳，在受到一定刺激后能起到如此显著的功效呢？究其治疗功能，一般与以下几个学说有密切关系。

1. 经络学说

经络学说，是中国传统医学的重要组成部分之一，对临床的诊断和治疗具有非常重要的指导意义。在人体经络中，手三阴经与手三阳经、足三阴经与足三阳经皆通于耳，而阴维脉与阳维脉、阴跷脉与阳跷脉分别统领左右侧之阴阳脉，并循行入耳后。手足三阳经与耳的关系最为密切。

这些经络属于人体气血循环的通道，通过经气流通使人体各脏腑器官的活动能互相配合、互相影响，在耳上构成一个网络，从而将耳与全身有机地联系在一起。一旦脏腑器官出现异常，就会将坏信息通过经络传递到耳的相应区域，如心痛在心区、咳嗽在肺区、肝痛在肝区、胃痛在胃区、阳痿在肾区、妇科病在子宫区、痔在直肠区、不寐在神门区等。同样，在耳的相应部位施加良性刺激，又能将有益的信息传递到相应病变脏腑器官，达到治病祛疾、保健的目的。

2. 神经形态分布学说

耳郭中布有丰富的神经，如来自脊髓颈丛的耳大神经和枕小神经，或者来自脑神经的颞神经、面神经、迷走神经的分支等，这意味着耳郭与内脏、腺体之间有密切的关系，具有高度的敏感性。当人体发生病变时，病理性的刺激就会通过神经系统传导至耳部相应部位，使耳部出现各种异常反应。同样，对耳采用按摩、压丸等方式所产生的刺激，也会通过神经传导至体内，从而使人体生理功能得到良好调节。

3. 生物全息理论学说

全息理论是由山东大学的张颖清教授在20世纪80年代创立的全息生物学中提出的理论。张颖清教授认为，动物体内所有的器官都是由受精卵细胞发育而成的，而受精卵中包含着未来动物的缩影，耳作为人体一个相对独立的器官，是个理想的全息胚器官，人体的脏腑器官在耳这个全息胚上有相对应的位区，通过观察耳部某些精确位置，可以预知对应脏腑器官的生理病理变化，对其刺激也可以对相应脏器产生刺激、治疗疾病。

随后，安徽中医学院的孟绍威教授将耳郭列入“区域全息论”的主要内容，陈少宗教授又对耳穴全息的基本规律做了进一步论述，证明耳部反射区反映疾病既可以是直接的，也可以是间接的。

耳穴疗法还有其他学说，如生物控制论学说、神经反射学说、生物电学说、调整免疫功能学说、机体应激反应学说等，无论这些学说的作用机制如何，都建立在同一个基础上——耳是人体健康的镜子，时时刻刻都在反映人体状况，只要掌握正确的方法，就能为健康提供最好的服务。

观耳、触耳查健康

双耳为肾之窍，更是“宗脉之所聚”，在耳郭上布有全身脏器和肢体的反应点，人体内部脏腑的虚实、气血的盛衰、津液的盈亏以及疾病的轻重顺逆，都能通过这些反应点表现在耳朵上，使耳成为监测人体功能的“显示器”。

为了更好地使耳这一功能通过耳的外在表现与功能改变做出大致测知，诸多医家都在探求方法，清代医家汪宏就从《黄帝内经》、《难经》、《伤寒杂病论》等著作中搜集有关望诊的资料，并将其归纳整理，编著《望诊遵经》一书，专门列了“望耳诊法提纲”论述了耳郭望诊。

除了望诊外，触诊也是耳诊疗的重要组成部分，它是通过触摸按压，分辨耳部温、凉、润、燥、软、硬、肿胀、包块以及患者对按压的反应，如疼痛、喜按、拒按等，以推断疾病的部位和性质。

1. 望耳诊病

(1) 中医角度

① 色泽：当机体的气血充盈时，耳郭的色泽为红润光泽（得神），反之枯燥无光泽（失神）。

白色	
具体表现	**提示证候**
耳郭色白	气血不足、肾气虚弱、血脱，多为虚寒证
耳色苍白无光	肾气衰败之征兆，多见病情垂危
耳郭淡白色	多为气虚
耳郭厚而白	气虚有痰之征兆
耳郭薄而白	气虚有火之征兆
搓耳垂后仍见苍白无血色	多为血液循环不良或贫血的征兆

红色	
具体表现	**提示证候**
耳郭色红	气血壅盛，主热证
耳郭色鲜红、肿痛	上焦风热、肝胆火盛或湿热火毒上攻所致
耳郭淡红	多为脾肾两虚
耳背见红络、耳根发凉	麻疹之先兆
耳色暗红	多为邪毒久留、气滞血瘀之证
冬日耳轮紫红或青紫湿烂	多为冻疮之征象

黄色	
具体表现	**提示证候**
耳郭黄色显著	脾郁湿盛或兼有风、热

耳郭黄中兼赤，兼面黄、目黄	主黄疸
耳郭深黄如橘皮	多为脾肾两虚
耳郭微黄	主睡中惊厥、磨牙，或疾病将愈
耳轮黄且伴有耳中掣痛	伤寒之征兆

青色	
具体表现	**提示证候**
耳郭色青	气血运行不畅或风气壅盛，多为痛证、寒证或惊风
耳郭青黑	多见久病有瘀血或剧痛
耳郭青白	元气不足、虚寒欠火之征兆
耳色青紫	多为惊痫，热邪，或风寒入腹掣痛
耳色暗红	多为热邪，轻者发热夜啼，重者惊风抽搐
小儿耳根暗青	多为体弱多病

黑色	
具体表现	**提示证候**
耳郭黑色	多主寒邪内伏、阳气不振
耳郭苍黑	多属肾热
耳郭紫黑	多主热极
耳郭青黑	多属痛证，常见剧痛者
耳畔烟煤样黑	多为肾精虚寒所致

耳轮焦黑	多为肾脏虚寒
耳轮干枯焦黑	多属肾经亏耗，精不上荣，为重病
耳轮焦黑如炭	为肾气欲绝之危候

② 形态：耳郭厚薄、大小与肾气密切相关，先天肾气充盈耳郭厚大且润泽，先天肾气不足者耳郭薄小而干枯。

具体表现	提示证候
耳郭瘦小而薄	先天亏损，肾气不足
耳轮萎缩干枯而色暗红	主正气虚极，多属肾精亏损或肾阴虚耗竭，属病危
耳郭肿起	多为邪实，色红属热，色淡属虚，色暗属瘀
耳轮皮肤甲错（皮肤枯燥如鳞甲交错之状）	多为血瘀日久
耳郭见脉络显现充盈	为气滞血瘀，多见各部痛证或咯证

(2) 西医角度

变色	
具体表现	提示证候
红色	急性病变、炎症性病变或发热
淡红和暗红色	多见疾病恢复期或病史较长及慢性疾病，淡红色还多见于疾病早期症状轻微
红白相间	多见慢性病急性发作

鲜红	急性病变或出血性病变
白色	慢性病变、皮肤病
单纯淡灰色或灰褐色	陈旧性疾病或功能不全的慢性病变

变色反应约占阳性反应物出现率的40%。

变　形	
具体表现	**提示证候**
隆起，呈条索状、结节状，小如芝麻，大如黄豆，突出于皮肤表面	三个结节状硬结连在一起呈串珠状，提示慢性器质性病变，常见内脏肿大、内脏下垂、慢性下垂、慢性炎症、骨质增生、肿瘤等病变。耳穴部结节隆起多提示恶性病变
凹陷，呈点状、条状、穴状等	陈旧性病变、先天性病变，常见于肺结核空洞、慢性萎缩性胃炎、先天性房室间隔缺损等病变
皱褶，呈条线状、蚯蚓状、半圆状、圆圈状、梅花状等	功能性或器质性病变，常见于心律失常、失眠、冠心病、眩晕、萎缩性胃炎等病变 若耳穴表面皮肤松弛，压之皱褶呈水波放射状，提示相应脏器功能欠佳

变形反应约占阳性反应物出现率的20%。

丘　疹	
具体表现	**提示证候**
红色丘疹	常见于急性炎症，如急性肠胃炎、痛经等
白色丘疹	常见于慢性器质性疾病，如肺结核、各种结石等
水疱样丘疹及灰色丘疹	常见于慢性功能性或过敏性病变，如多梦、慢性咽喉炎、月经不调等

丘疹反应约占阳性反应物出现率的15%。

其他反应	
具体表现	**提示证候**
脉络变化，表现为血管充盈、扩张或呈网状、条段状、海星状、弧形蝌蚪状等	慢性痛证、急性炎症、血液循环不畅等疾病，常见于头痛、腰痛、心脑血管疾病、急性咽喉炎、急性胃炎、支气管扩张等疾病
脱屑，呈白色糠皮样或鳞片状，不易擦拭	功能不全及内分泌功能紊乱，常见于慢性结肠炎、皮肤病、便秘、更年期综合征等疾病

脉络变化反应约占阳性反应物出现率的10%。

脱屑反应约占阳性反应物出现率的10%。

2. 触耳诊病

触耳诊法包括耳触诊法、耳电测定诊法、耳穴染色诊法、耳穴压痕法、耳温测定法、耳穴知热感度测定法、耳痛原因分析法等，其中适合家庭诊病使用的有耳触诊法、耳穴压痕法两种。

(1) 耳触诊法

① 划动法：用探笔或牙签后端在耳郭各区进行划动，寻找凹陷、水肿、隆起等阳性反应的一种方法，可根据划痕颜色的红、白或凹陷恢复的快慢来判断病情虚实的不同。

② 点压法：用直径约为1.5毫米的棒状物，以50～100克的均匀压力按压耳郭各穴区，以找出压痛最为敏感的耳穴。本法主要用于急性炎症病变、痛证的鉴别诊断。

③ 触摸法：将拇指放在某耳穴上，示（食）指衬在耳背相对部位，两指互相配合进行触摸，注意局部是否有隆起、凹陷、压痕及深浅和色泽的改变。

(2) 耳穴压痕法：使用点压法的手法，观察耳穴上出现的压痕来分析疾病，判断疾病虚实。观察压痕主要从压痕点颜色红白的程度、凹陷恢复的快慢两个方面着手，一般来说，压痕颜色较深暗，发红或凹陷恢复较快者，多为实证表现；压痕颜色淡或不发红，凹陷恢复缓慢，多为虚证表现。耳穴压痕法多用于诊断慢性器质性病变，如糖尿病、冠心病、血液循环的障碍、水代谢失调等。

3. 望耳、触耳的步骤及注意事项

① 双目平视，用拇指和示（食）指轻捏耳郭，用手触摸耳穴时，应按照先上后下、先内后外、先右后左（即耳郭的解剖部位）进行。在系统触摸耳郭各部位的基础上，右耳以肝、胆、十二指肠、阑尾为主，左耳以心、脾、小肠、大肠为主。

② 发现某处耳穴有可疑阳性反应物时，用示（食）指或中指顶住该部位，借助拇指力量做上提、下拉、外展等动作，使耳穴皮肤绷紧后松弛，松弛后再绷紧，仔细辨认阳性反应物，辨别真伪。

③ 发现耳的皮下或皮内有可疑结节、条索状隆起等病理反应时，用拇指、示（食）指捻揉或前后左右用力触按，辨认其大小、硬度、边缘清楚与否、有无压痛及是否移动。如有血管变化，应注意血管的正常分布和异常扩张以及充盈血管的走向。

④ 观察三角窝、耳甲艇部位，用中指顶起耳郭，并用探棒拨开耳轮脚或对耳轮下脚及耳轮，充分暴露望诊或触诊部位。

⑤ 无论是望诊或触诊，都应在自然光线下进行，在光线昏暗处或观察昏迷者的耳郭时，用手电筒照射耳郭背面，利用透出的光线进行耳诊。

⑥ 进行耳诊前不要用力擦洗，以免因摩擦使局部变色或擦掉阳性反应物，影响判断。可使用消毒干棉球或棉签顺着一个方向轻擦，然后静置数分钟再进行诊断。

⑦ 运动或情绪激动都会使耳郭变红，为了不影响耳诊结果，被检查者在耳诊前应处于安静状态。

⑧ 年龄、性别、时令的差异都会影响耳郭颜色。从年龄来看，年龄越小，耳郭就越柔润光滑，耳背静脉若隐若现。从

性别来看，女性耳郭较男性更白嫩。从四季温度、湿度变化来看，夏季耳郭多发红，冬季耳郭多发白。

⑨ 由于健康人的耳郭上也可出现色素沉着、痤疮结节、小脓疱、冻疮疤等假象，此外女性月经期间及经期前后，三角窝也会出现淡红反应或血管隐现，因此应注意分辨正常现象和异常病理变化。

⑩ 根据中医学五行学说和藏象学说，人体脏腑是相互联系的，如肺部有病，根据“肺与大肠相表里”，除了在耳穴肺穴区出现反应外，大肠穴区也会出现阳性反应。

温馨提示

由于个人体质、病情不同，并不是所有患者都可能出现以上症状，耳穴诊断仅作为参考，还需联系其他身体异常，并在医师的指导下进行治疗。

耳穴疗法的三大特点

家庭常用的耳穴疗法有按摩、压丸、施灸、贴膏药、压迫等，被称为“绿色疗法”并非徒有虚名，它与埋针、耳穴针疗法相比，具有以下三大特点。

1. 安全、无创伤

耳穴针或埋针较痛，不易被女性、老人、儿童接受，而其他疗法基本无痛或疼痛感较轻微，并且不会使皮肤因损伤引起感染或使用工具引发交叉感染，同时又能保持一定的刺激性，对穴区能产生持久的影响。

2. 操作方便

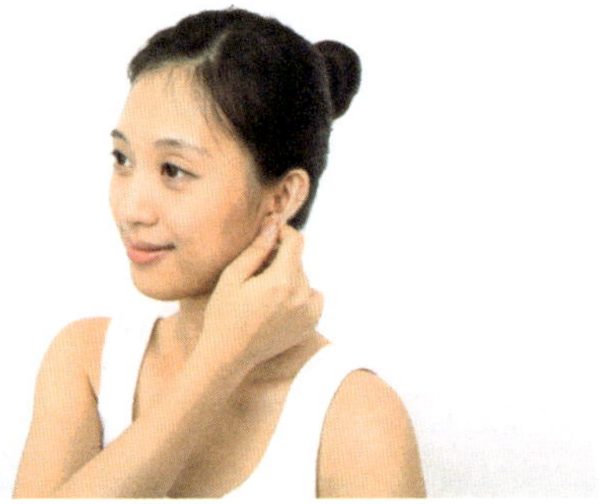

①耳穴按摩、压丸、贴膏药等疗法操作非常方便，无需复杂的工具，而且可以随时进行。如鼻炎，每次有相关症状即将发作的预感时，就可以对耳穴进行操作，避免鼻炎发作或减轻症状，是药物治疗的极佳辅助手法。

②由于耳穴分布有一定规律，便于记忆，即使是非专业人士，掌握一些基础知识后，对照耳穴图也可以进行治疗或保健。

③耳穴疗法不受体位限制和环境影响，结束后可随意活动。

3. 防病、治病兼顾

自古以来，我国就有揉耳补肾的做法，对肾虚引起的耳鸣、耳聋等都有较好的预防作用。随着耳穴功能逐渐被发现，其防病应用更为广泛，如乘坐交通工具前使用贴膏药法，就可以预防晕车、晕船。

耳穴疗法的适应证和禁忌证

耳穴疗法适用范围广泛，既可消炎、解毒、泻火，又能补虚、升阳、止痛、麻醉、复苏等，疗效独特，但它并不能包治百病，有些疾病或症状如果使用耳穴疗法，极有可能产生不良反应，因此在进行耳穴疗法前应分清适用证和禁忌证。

1. 适用证

①各种痛证，如外伤性疼痛、手术后疼痛、炎症性疼痛、神经性疼痛、痛经等。

②各种炎症性病症，如急性结膜炎、中耳炎、牙周炎、咽喉炎、气管炎、肠炎、盆腔炎、风湿性关节炎等。

③部分功能紊乱性疾病，如神经衰弱、癔症、眩晕、高血压病、盗汗多汗、肠功能紊乱、遗尿、月经不调。

④ 变态反应性疾病，如变应性（过敏性）鼻炎、哮喘、荨麻疹、过敏性结肠炎等。

⑤ 内分泌代谢性疾病，如单纯性甲状腺肿大、甲状腺功能亢进症、更年期综合征等。

⑥ 慢性疾病，如腰腿痛、肩周炎、颈椎病、肢体麻木、消化不良等。

⑦ 部分传染性疾病，如急性细菌性痢疾、疟疾、青年扁平疣等。

⑧ 其他，如感冒、晕车、晕船、减肥等。

温馨提示

对于以上病症，耳穴疗法能起到改善或缓解症状，提高机体免疫力，减少服药数量，促进病症愈合等治疗作用，但不能因此就完全停止药物治疗，如病程较长或较重，应在医生的指导下进行。

2. 禁忌证

① 严重心脏疾患。

② 严重慢性疾病（器质性疾病）伴有高度贫血。

③ 外耳患有明显的炎症，如溃疡、湿疹、冻疮破溃、流脓等。

④ 女性在妊娠期慎用，习惯性流产者忌用。

⑤ 极度疲劳者、年老体弱者、经常服用激素者。

第二章

耳穴疗法操作方法及要领

家庭常用的耳穴疗法除了按摩外，还有压丸、施灸、贴膏药等几种方法，它们虽然操作过程不同，但都是通过刺激耳穴对机体进行良性调节，最终达到治病、保健的目的。可以根据个人情况选择对病情最有利的方法，最大限度发挥耳穴疗法的作用。

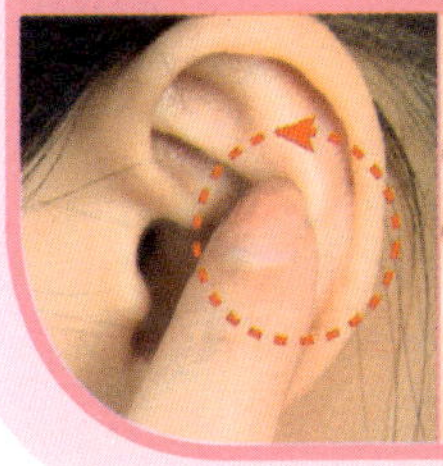

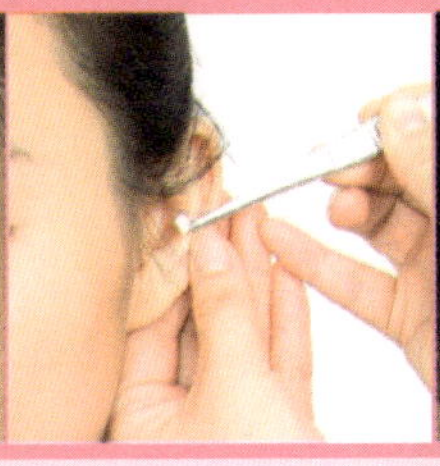

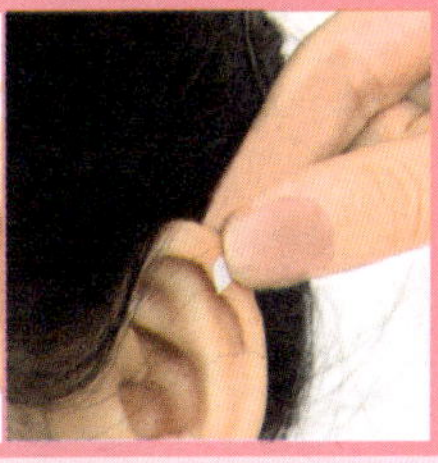

耳穴按摩法

耳穴按摩是最常用的一种耳穴疗法，它是指用手指或光滑的棍状器具（直径在1～3毫米）对耳穴进行点按、按揉、搓摩、揉捏等，使局部产生明显的酸、胀、麻、发热感。按摩法对急、慢性病症都有疗效，还可用于保健、养生。

使用工具

牙签（无尖的一端）、发卡（弧形的一端）、挖耳勺（耳勺的另一端）

牙签（无尖的一端）

发卡（弧形的一端）

挖耳勺（耳勺的另一端）

操作方法

(1) 点（切或掐）按（揉）法：用指甲或器具切压（掐）或按耳穴，先施力15秒左右，然后放松5秒钟左右，以相同节律反复操作5分钟。也可以每分钟20～30次的频率旋转揉动耳穴。

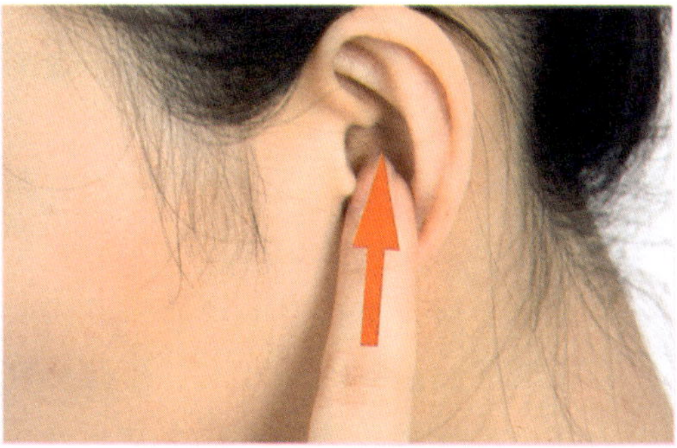

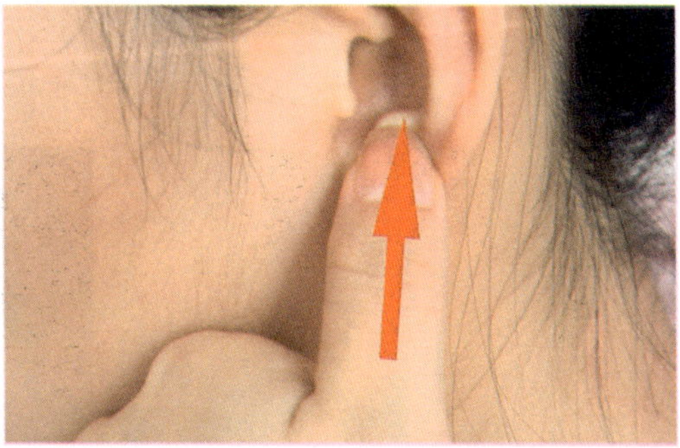

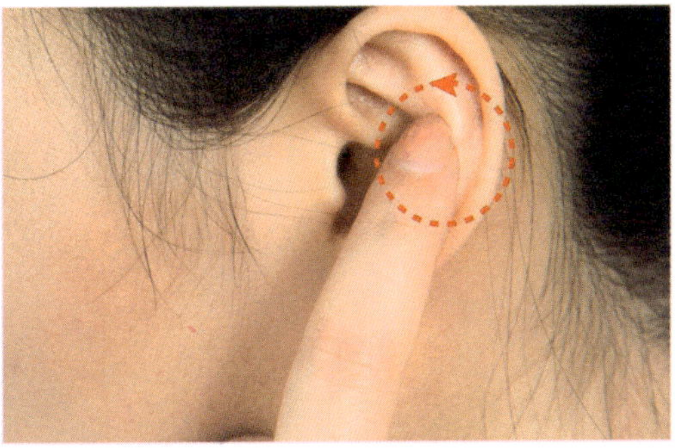

(2) 捏（按）法：用拇指和示（食）指指尖相对捏压穴区，或以每分钟20～30次的频率旋转揉动耳穴。

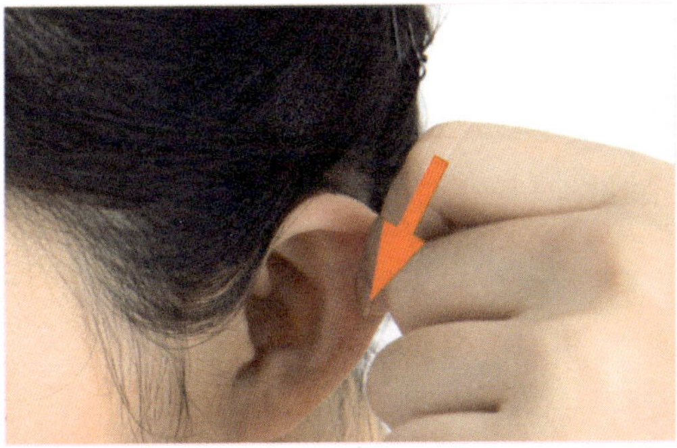

(3) 搓摩法：将示（食）指屈曲，置于耳郭前方相应部位，用拇指指腹发力，在耳郭背面相应穴区做上下或左右来回搓摩，使局部出现发热或兼酸、胀为度。如果搓摩耳郭前方，则以拇指固定于耳郭背面，用示（食）指桡侧或指腹从上直下或从前至后搓摩。

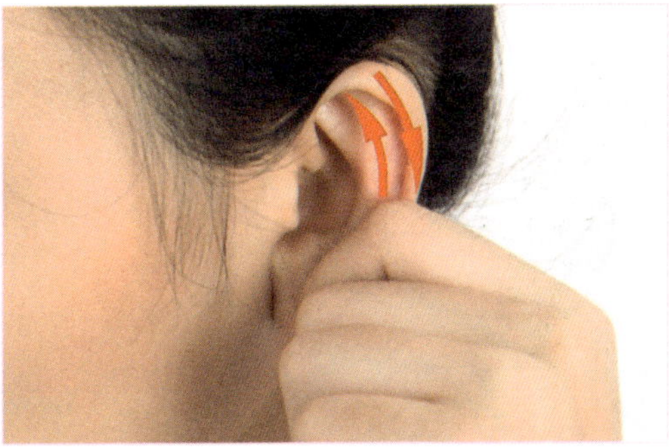

注意事项

① 手法力度通常先轻后重，由浅而深，由快到慢，并在结束后做局部放松按摩。

② 手法动作要有节奏，压力平稳，用力不生硬或不用蛮力，以局部出现得气为度。

耳穴压丸法

耳穴压丸又叫耳压疗法、耳穴贴压法，是将质硬而光滑的小粒药物、种子或药丸用胶布或膏药贴在耳穴上，并配以按揉的一种方法。

使用工具

王不留行子

医用胶布

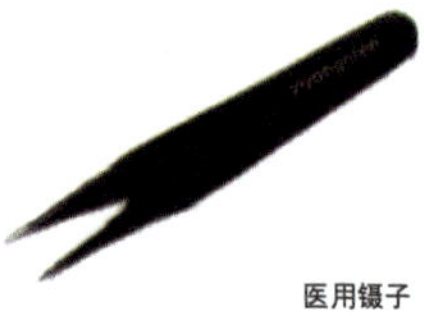
医用镊子

医用棉签

(1) 压丸：表面光滑，质地坚硬，不易破损，适合贴压穴位面积大小的植物种子、药物种子、中成药药丸，如王不留行子、油菜子、白芥子、草决明子、绿豆、六神丸、喉症丸、木香顺气丸、仁丹等。压丸对卫生要求十分严格，除了中成药外，凡是散装的种子都要用沸水烫过，晾晒后贮藏在干净容器中。

(2) 医用胶布或膏药：医用胶布和膏药需要剪成0.6厘米×0.6厘米的小方块，将压丸粘在方块的中央，逐块摆放好，随用随取。

(3) 医用镊子：用于镊取粘好压丸的胶布。

(4) 其他：适量75%酒精棉球或75%酒精和医用棉签。

操作方法

(1) 先用酒精棉球或蘸有酒精的棉签对耳郭局部进行消毒。

(2) 左手托住耳郭，右手用镊子将黏附有压丸的胶布贴敷于耳穴上，并给予适当按压。如果穴区呈线状或沟状，取与穴区等长的胶布或膏药，将压丸依次紧靠排列或相隔1～2粒丸距，然后贴敷于所选穴区最敏感的部位。

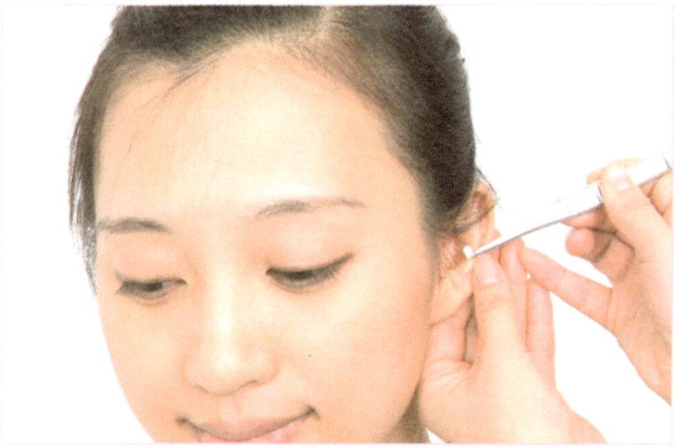

⑶ 当确定胶布牢固后，用手指给予适当按压（揉），以耳郭发热，并出现酸、麻、胀、痛感（即“得气”），持续约3分钟。在耳穴贴压期间，每日按压（揉）3～5次，时间应根据病情来确定。

① 对压法：将拇指、示（食）指分别置于耳郭前后，捏住敷贴的压丸，做一松一紧地按压动作。对压法刺激性较强，适合实热证和耐受力较强的人。

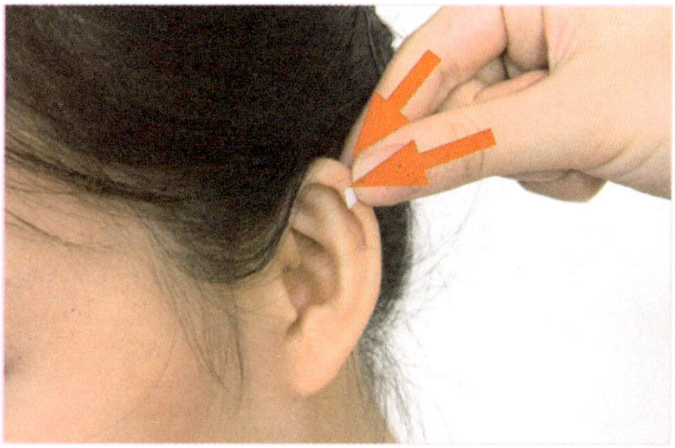

② 直压法：用示（食）指尖垂直按压药丸，直至局部出现疼痛感。一般来说，持续按压20～30秒之后，停几分钟重复按压。直压法刺激性较强，适合实证和耐受力较强的人。

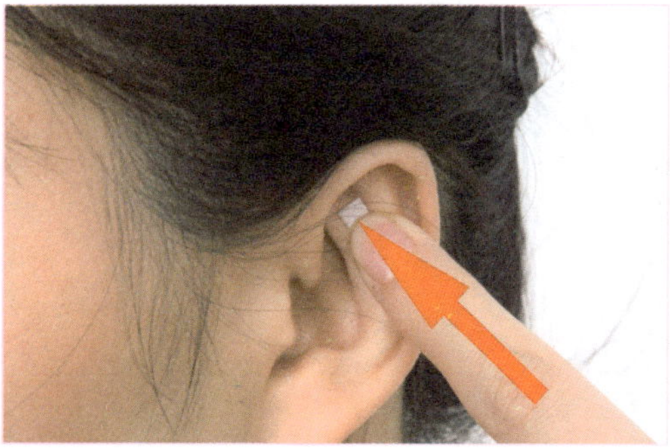

③ 点压法：手法与直压法相同，但力度相对较轻，一按一压间隔为0.5秒，持续按压1分钟，力度以局部略感胀、痛为度。点压法刺激性较小，适合慢性病及体质较差的人。

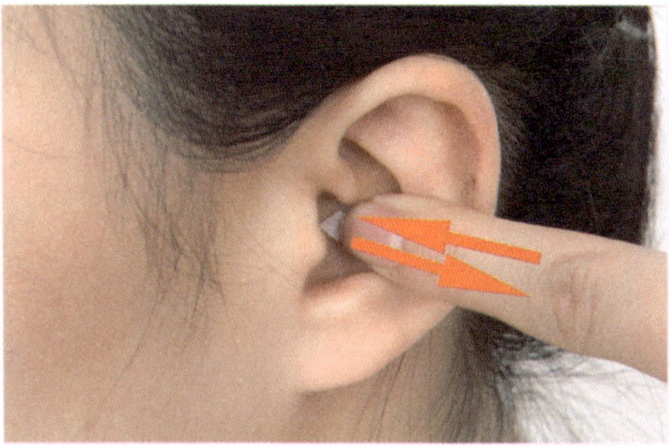

④ 按揉法：将拇指、示（食）指分别置于耳郭前后，捏住敷贴的压丸，以压丸正面相对的指尖顺时针或逆时针旋转揉动。按揉法刺激性较点压法略弱，适合虚证和耐受力较差的人。

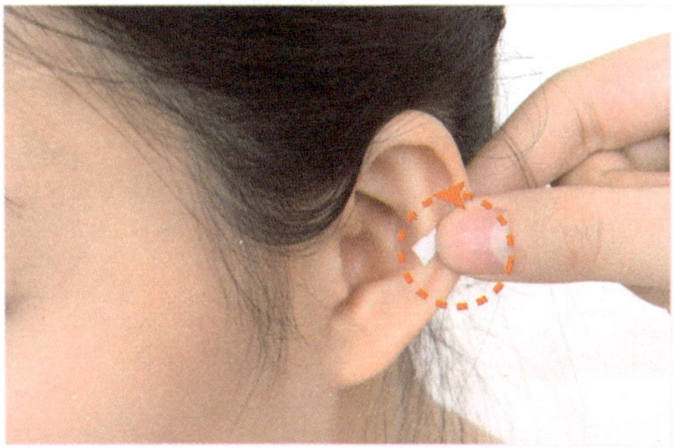

注意事项

① 每次选取单侧或双侧耳穴，并保留3～5分钟，待调整耳穴后再重新贴压。

② 一般每次贴压一侧耳穴，两耳轮流，每3天换一次。也可双耳同时压丸。

③ 每侧压丸的耳穴不宜超过10个。

④ 如果压丸时的体位为侧卧，压丸处受压后疼痛较明显，可放松胶布或膏药，或将所贴的位置稍作移动。

⑤ 压丸期间应注意防潮、防污染，按摩时不宜重按皮肤。

⑥ 如果对胶布（膏药）或中成药过敏，出现粟粒样丘疹，并伴有发痒感，先将胶布或膏药取下，停用3～5天后再贴。重新压丸时可适当缩短时间或加贴肾上腺区，也可以改用脱敏胶布或刺激性小的压丸。

⑦ 肾上腺、交感、内分泌、肾、心、子宫等区为敏感区，按摩手法不宜过强，一旦出现不适反应，应立即停止按摩，严重者取下所贴的压丸，并抬高双脚。

耳穴施灸法

耳穴施灸法是将药线、线香、艾绒、灯心草等燃烧至一定程度，再灼灸耳穴的一种治疗方法，具有疏经通络、温经散寒的作用，对虚证、寒证、痹痛尤为适用。

温馨提示

艾绒灸用于治疗虚、寒、痛、痿、痹、痒、肿为主的急慢性病、顽固性病灶和病灶较为广泛的疾病，如风湿性关节炎、腰腿痛、肩周炎、胃寒痛、腮腺炎、各种瘫痪等。卫生线香灸适用于寒证、痹病等，如腰腿痛、落枕、肩周炎等。

使用工具

(1) 施灸用具：药线、线香、艾绒、灯心草，其中以线香、艾绒最常用。艾绒灸可温灸整个耳郭或较集中的部分耳穴，线香多适用于单个耳穴。

线香

艾条

(2) 其他：打火机。

操作方法

(1) 艾绒灸法：家庭常用的是艾条灸，即将艾条点燃后，悬在距耳穴2厘米处进行熏灸。如果艾条固定不动，使施灸处保持温热感，称为温和灸；如果艾条如小鸟啄食般一起一落，称为雀啄灸；如果艾条如熨烫衣物一般，来回移动，称为熨热灸，熨热灸适合小儿或耳部感觉迟钝者使用。

(2) 线香灸法：线香灸法又称柱香灸法，是以线香作为灸具的一种灸法。线香施灸时间为5～10分钟，以局部出现充血红润为度。每日施灸一次。

注意事项

随时调整艾条、线香与皮肤的距离，小心不要烧到头发或烫伤皮肤。

耳穴贴敷法

耳穴贴敷：用示（食）指将具有一定药效的药膏贴敷在耳穴上，使药膏中的药物成分渗入皮肤中，对穴区进行持续性刺激。耳穴贴敷法具有舒经活络、行气活血、祛风除湿、镇静安神、化瘀镇痛等功效。

使用工具

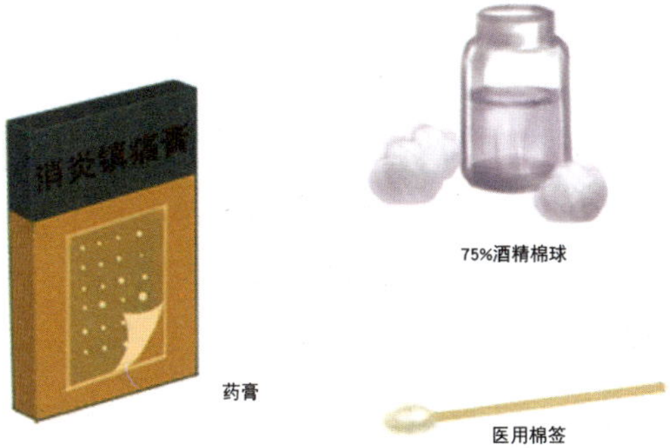

药膏　75%酒精棉球　医用棉签

（1）药膏：种类较多，如伤湿止痛膏、关节止痛膏、香桂活血膏、消炎镇痛膏。

（2）其他：适量75%酒精棉球或75%酒精和医用棉签。

操作方法

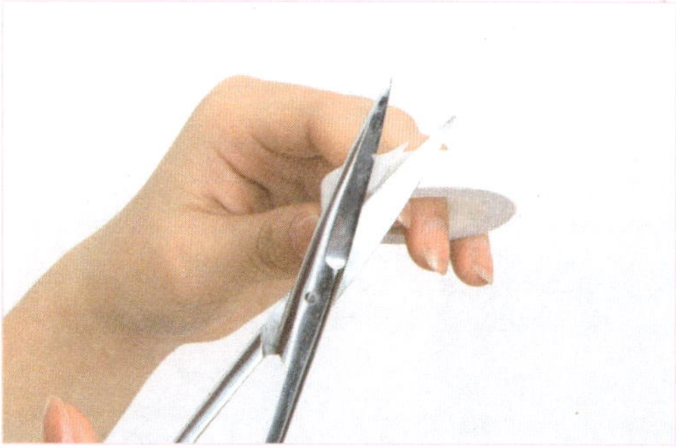

对耳穴局部进行消毒或清洁，将药膏剪成0.6厘米×0.6厘米左右的方块，贴在相应耳穴上，2～3日后更换，贴对侧耳穴。

注意事项

① 刺激性较大，孕妇忌用，小儿慎用。

② 每次贴单侧耳穴。

③ 夏季天热时缩短敷贴时间。

温馨提示

在上述四种耳穴疗法中，本书最常用的是耳穴按摩法和耳穴压丸法，耳穴贴敷法和耳穴施灸法次之。

第 三 章

耳穴定位与主治详解

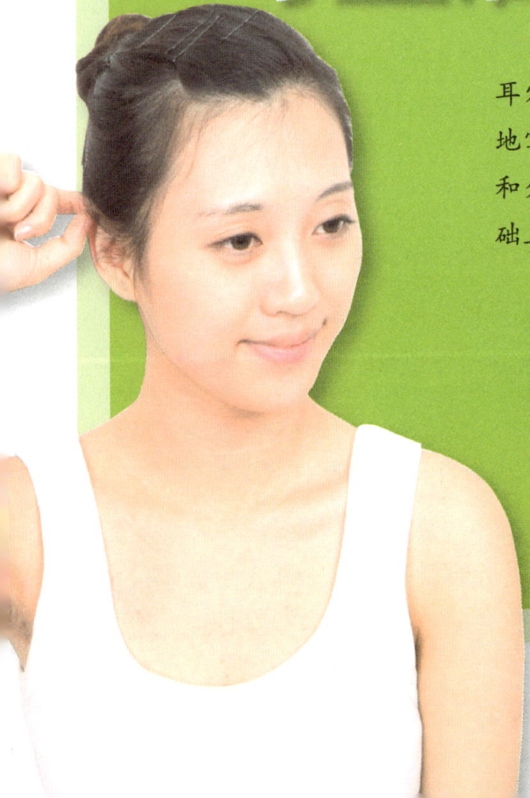

耳穴疗法之所以能发挥如此神奇的功效，耳穴的应用是必不可少的一个环节。为了更好地掌握耳穴相关内容，最好先了解耳穴的命名和分布规律、配穴方法、定位及主治，在此基础上配套操作手法，完成耳穴疗法全过程。

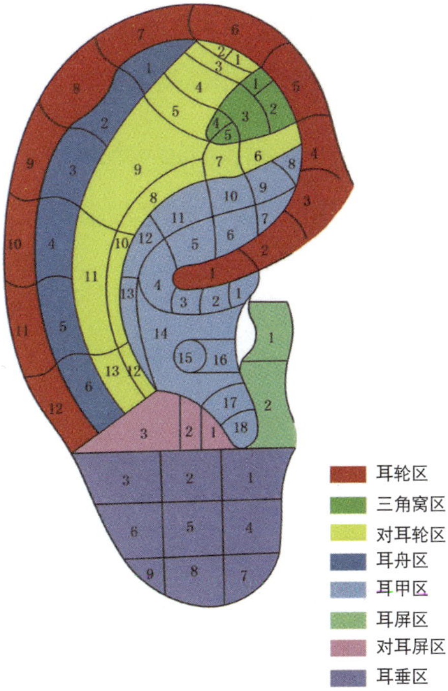

耳郭分区示意图（正面）

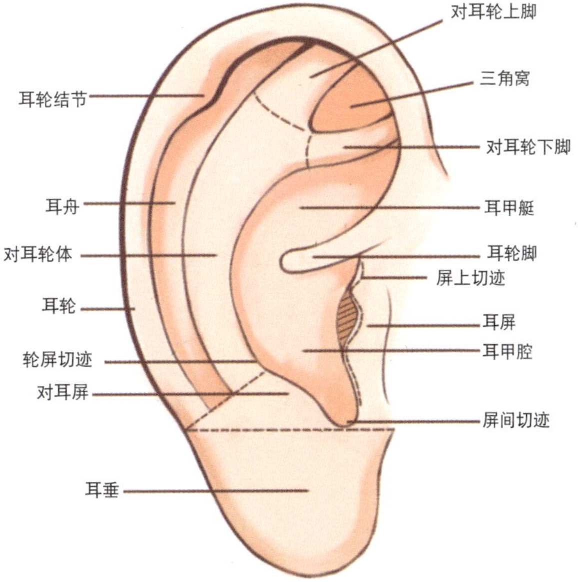

耳郭解剖示意图（正面）

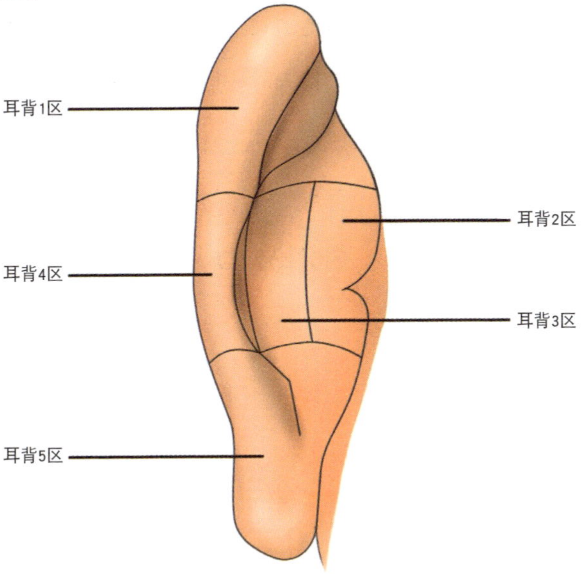

耳郭分区示意图（背面）

耳穴命名规律

耳穴数量众多，如肾、心、子宫、内分泌、皮质下、腕、指、腰骶椎等，这些穴位名称看似繁杂，其实命名是有一定的内在含义和规律的，了解它们的含义和规律，便于加深对耳穴的认识、记忆和临床应用。

耳郭位置	代表穴位
对耳屏和耳垂	头面部穴位：额、颞、枕、牙、舌、扁桃体等
耳屏	鼻咽部穴位：外鼻、内鼻、咽喉等
耳甲腔	胸腔部穴位：气管、肺、心等
耳甲艇	腹腔部穴位：膀胱、输尿管、胰胆、大肠、小肠等
耳轮脚	消化道穴位：胃、脾等
三角窝	盆腔穴位：内生殖器、盆腔等
耳舟	上肢部穴位：腕、肘、肩、锁骨等
对耳轮体	躯干部穴位：腰骶椎、胸椎、颈椎等
对耳轮上、下脚	下肢、臀部穴位：趾、踝、膝、坐骨神经、臀等
屏间切迹	内分泌穴位：三焦、皮质下、内分泌等

耳穴分布规律

根据"胎儿倒置"理论，耳穴在耳郭正面的分布规律是一个在子宫内倒置的胎儿，头颈部向下，胸部、上肢、腰背位于中间，臀部、下肢在上。

规律依据	代表穴位
藏象学说命名	心、肝、胆囊、脾、胃、肾、大肠、小肠等
经络腧穴	神门
神经、体液	坐骨神经、肾上腺、内分泌、交感等
解剖部位	肩、肘、腕、指、颈、胸等
耳穴治疗功能	平喘点、耳背沟、过敏点等
以穴位在耳郭上面积的大小来命名	饥点、遗尿点、面颊区、风湿线等
耳穴所在耳郭位置	耳尖、耳背沟、屏尖、对屏尖等
疾病名称	肝炎点、神经衰弱点、高血压点等

耳穴取穴方法

正确取穴是提高耳穴诊法疗效的关键，这其中离不开合理的取穴原则，一般来说，常见的取穴原则如下。

1. 相应部位取穴

根据人体患病部位，选取耳郭相应穴区，如胃痛取胃区，前头痛取额区，腰椎病变选取腰骶椎区等。此外，如果在耳郭相应穴区的附近出现阳性反应点，如浅表性胃炎常在耳轮脚消失处后方见有阳性反应点，除了取胃区外，还可以取这些反应点或邻近相应部位穴位。

2. 藏象取穴

即按脏腑的生理功能和病理表现进行辨证取穴。例如，藏象学说认为“肾其华在发”，故脱发、白发等可取肾区治疗；肺开窍于鼻，故鼻炎等鼻病可取肺区治疗；痤疮的病理表现是肺胃郁热上熏于面，故取肺区和胃区治疗。

3. 经络学说取穴

人体经络互相独立，但同时也相互影响，故中医认为，许多疾病可根据经络循行部位、经络病候和经络表里关系进行取穴。例如，前头痛的部位是足阳明胃经循行部位，可取胃区治疗；坐骨神经痛，如果疼痛部位以大腿后侧为主，其经络辨证属足太阳膀胱经，可取膀胱区治疗；如果以下肢外侧疼痛为主，经络辨证属足少阳胆经，可取胰胆区治疗。此外，根据经络的表里关系，如肺与大肠相表里，那么肺部疾患除了取肺区外，还可取大肠区。

4. 现代医学理论取穴

很多耳穴的定位是以现代医学理论为基础发展起来的，如肾上腺区、交感区、皮质下区等，取穴时应参考穴位功能。如肾上腺区，它能调节肾上腺和皮质激素，而皮质激素具有抗过敏、抗炎症、抗风湿、抗休克作用，故过敏性疾病、炎性疾病、风湿类疾病、低血压、休克抢救等均可取肾上腺区治疗。

5. 穴位功能取穴

很多耳穴都有其主治功能，如风溪有祛风止痒之功效，故皮肤瘙痒、荨麻疹等过敏性疾病可取之。枕区有镇静止晕的作用，头晕、晕车晕船可取之。耳尖、屏尖有退热功效，发热常选取此二区。

耳穴定位及主治

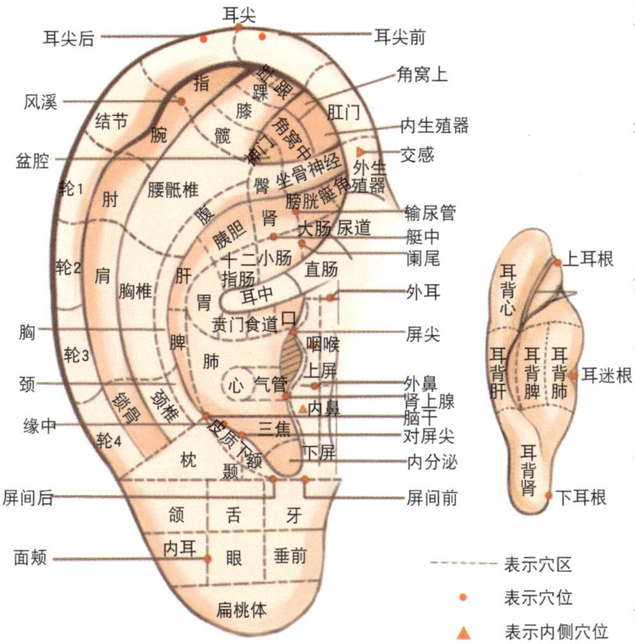

1. 耳轮部穴位

耳中

【标准定位】位于耳轮脚处，即耳轮1区。

【功能作用】降逆和胃，止呕止吐，利膈驱风，清热凉血，利湿退黄，解痉镇痛。

【适用症状】膈肌痉挛、皮肤疾病、消化道疾病、小儿遗尿、神经官能症等。

直肠

【标准定位】位于耳轮脚棘前上方的耳轮处，即耳轮2区。

【功能作用】健脾止泻，调理肠腑。

【适用症状】泄泻，便秘，直肠下垂，痔，里急后重症。

尿道

【标准定位】位于直肠上方的耳轮处，即耳轮3区。

【功能作用】补肾缩泉，通利小便。

【适用病症】遗尿症、尿频、尿急、尿痛、尿潴留、遗精、尿道炎等。

外生殖器

【标准定位】位于对耳轮下脚前方的耳轮处，即耳轮4区。

【功能作用】补肾壮阳，利湿止痒。

【适用病症】外生殖器疾病、外阴瘙痒、阳痿、早泄、阴道炎、睾丸炎、腰腿疼痛等。

肛门

【标准定位】位于三角窝前方的耳轮处，即耳轮5区。

【功能作用】清肠止血，化痔镇痛。

【适用病症】痔、直肠脱垂、肛门括约肌松弛、肛门瘙痒症、肛裂等。

耳尖前

【标准定位】在耳郭向前对折上部尖端的前部，即耳轮6区。

【功能作用】健脑、明目、醒神。

【适用病症】痔、头痛、神经衰弱等。

耳尖

【标准定位】位于耳郭向前对折的上部尖端处，即耳轮6区、7区交界处。

【功能作用】宣肺解表，止咳平喘，祛风止痒，益髓健脑，清热解毒，醒脑开窍，清热退火，活血化瘀，解痉镇痛，抗感染、抗炎，抗风湿。

【适用病症】发热、高血压病、急性结膜炎、眼睑炎、外耳道炎、神经衰弱、各种痛证、顽固性失眠等。

耳尖后

【标准定位】在耳郭向前对折上部尖端的后部，即耳轮7区。

【功能作用】镇静、止痛、退热、清脑。

【适用病症】失眠、偏头痛等。

结节

【标准定位】位于耳轮结节处，即耳轮8区。

【功能作用】疏肝理气，宽胸镇痛。

【适用病症】肝炎、胸胁痛、头晕、头痛、半身不遂及麻木（由高血压病、脑血管痉挛、脑外伤引起的）等。

轮1

【标准定位】位于耳轮结节下方的耳轮处，即耳轮9区。

【功能作用】清热解毒，平肝息风，解痉镇痛，宣肺解表。

【适用病症】热病、感冒、支气管炎、上呼吸道感染、扁桃体炎、高血压病等。

轮2

【标准定位】位于轮1区下方的耳轮处，即耳轮10区。

【功能作用】清热解毒，平肝息风，解痉镇痛，宣肺解表。

【适用病症】热病、感冒、支气管炎、上呼吸道感染、扁桃体炎、高血压病等。

轮3

【标准定位】位于轮2区下方的耳轮处，即耳轮11区。

【功能作用】清热解毒，平肝息风，解痉镇痛，宣肺解表。

【适用病症】热病、感冒、支气管炎、上呼吸道感染、扁桃体炎、高血压病等。

轮4

【标准定位】位于轮3区下方的耳轮处，即耳轮12区。

【功能作用】清热解毒，平肝息风，解痉镇痛，宣肺解表。

【适用病症】热病、感冒、支气管炎、上呼吸道感染、扁桃体炎、高血压病等。

2. 耳舟部

指

【标准定位】位于耳舟上方处，即耳舟1区。

【功能作用】疏经，活络，利指。

【适用病症】各种手指及指关节疾病。

腕

【标准定位】位于指区的下方处，即耳舟2区。

【功能作用】舒经活络，解痉镇痛，抗过敏。

【适用病症】各种腕部疾病、胃痛、过敏性疾病等。

风溪

【标准定位】位于耳轮结节前方，指区与腕区之间，即耳舟1区、2区交界处。

【功能作用】祛风止痒，抗过敏。

【适用病症】荨麻疹、皮肤瘙痒症、支气管哮喘、变应性（过敏性）鼻炎、湿疹等。

肘

【标准定位】位于腕区的下方处，即耳舟3区。

【功能作用】舒经活络，通利关节。

【适用病症】各种肘关节疾病、甲状腺疾病、失眠等。

肩

【标准定位】位于肘区的下方处，即耳舟4区、5区。

【功能作用】通脉宣痹，解痉镇痛。

【适用病症】各种肩关节疾病、落枕、胆结石症等。

锁骨

【标准定位】位于肩区的下方处，即耳舟6区。

【功能作用】通脉宣痹，通利关节，解痉镇痛。

【适用病症】肩背部疾病及疼痛、颈椎病、风湿痛等。

3. 对耳轮部

跟

【标准定位】位于对耳轮上脚前上部，即对耳轮1区。

【功能作用】强筋健骨，活血镇痛。

【适用病症】各种足跟部疾患。

趾

【标准定位】位于耳尖下方的对耳轮上脚上部，即对耳轮2区。

【功能作用】活血通络，消肿镇痛。

【适用病症】各种足趾关节炎症、疼痛或瘙痒。

踝

【标准定位】位于趾、跟区下方处，即对耳轮3区。

【功能作用】舒筋活络，活血镇痛。

【适用病症】各种踝关节疾病。

膝

【标准定位】位于对耳轮上脚的中1／3处，即对耳轮4区。

【功能作用】舒筋活络，祛风除湿，消炎镇痛。

【适用病症】各种膝关节疾病及下肢活动障碍。

髋

【标准定位】位于对耳轮上脚的下1／3处，即对耳轮5区。

【功能作用】活血通络，通利关节，消炎镇痛。

【适用病症】各种髋关节疾病。

坐骨神经

【标准定位】位于对耳轮下脚的前2/3处，即对耳轮6区。

【功能作用】活血通络，消炎镇痛。

【适用病症】坐骨神经痛、各种腰骶部疾病。

交感

【标准定位】位于对耳轮下脚前端与耳轮内缘交界处，即对耳轮6区前端。

【功能作用】解痉镇痛，止咳平喘，养血安神，清热解毒，通脉宣痹，疏肝利胆，活血化瘀，舒筋活络。

【适用病症】各种自主神经紊乱引起的病症（失眠等）及内脏绞痛、脉管炎等。

臀

【标准定位】位于对耳轮下脚的后1/3处，即对耳轮7区。

【功能作用】舒筋活络，祛风镇痛。

【适用病症】臀部及腰骶部疾病，如坐骨神经痛、腰腿疼痛等。

腹

【标准定位】位于对耳轮体前部上2/5处，即对耳轮8区。

【功能作用】活血通络，解痉镇痛。

【适用病症】腹痛、腹泻、便秘、产后宫缩痛、术后腹痛、肥胖、腰扭伤等。

腰骶椎

【标准定位】位于腹区后方，即对耳轮9区。

【功能作用】通经活络，化瘀镇痛，益肾强腰，补肾填精，调肝明目。

【适用病症】腰骶部及下肢疾病，如腰部急慢性扭伤、腰骶椎疼痛、腰腿痛、肌肉挫伤、腹痛、腹膜炎等。

胸

【标准定位】位于对耳轮体前部中2/5处，即对耳轮10区。

【功能作用】通脉宣痹，舒经活络，镇痛化瘀。

【适用病症】胸部疾病，如胸闷、肋骨神经痛、胸胁疼痛、乳腺炎等。

胸椎

【标准定位】位于胸区后方，即对耳轮11区。

【功能作用】通利关节，消炎镇痛，强肾固精。

【适用病症】各种胸椎疾病，如胸背痛、胸胁疼痛、肋间神经炎、经前乳房胀痛、乳腺炎等。

颈

【标准定位】位于对耳轮体前部下1/5处，即对耳轮12区。

【功能作用】活血通络，舒经镇痛。

【适用病症】颈部疾病，如落枕、颈部扭伤、颈椎病以及甲状腺疾病等。

颈椎

【标准定位】位于颈区后方，即对耳轮13区。

【功能作用】祛风镇痛，通利关节，固精强脊。

【适用病症】颈部疾病及疼痛，如颈椎病、落枕、肩周炎、颈扭伤以及甲状腺疾病等。

4. 三角窝部

角窝上

【标准定位】位于三角窝前1/3的上部，即三角窝1区。

【功能作用】平肝息风，滋阴潜阳。

【适用病症】头痛、眩晕、高血压等。

内生殖器

【标准定位】位于三角窝前1/3的下部，即三角窝2区。

【功能作用】化瘀镇痛，调经和血，止带利湿，补肾填精。

【适用病症】妇科疾病，如月经不调、痛经、闭经、功能失调性子宫出血、白带异常、盆腔炎等；男性疾病，如前列腺炎、前列腺增生、性功能障碍等。

角窝中

【标准定位】位于三角窝中1/3处，即三角窝3区。

【功能作用】止咳平喘，利便通肠，疏肝养血，清热解毒，兴奋神经。

【适用病症】急慢性肝炎、支气管哮喘、便秘、近视、胸胁疼痛以及过敏性疾病等。

神门

【标准定位】位于三角窝后1/3的上部，即三角窝4区。

【功能作用】补肾填精，祛风止痒，益髓健脑，养血安神，通脉宣痹，舒筋活络，平肝息风，和胃降逆，健脾止泻，消除疲劳，醒脑开窍，祛风镇痛，止咳平喘，清热解毒，抗过敏，抗感染、抗炎。

【适用病症】失眠、多梦、咳嗽、支气管哮喘、高血压、疼痛、抑郁症、戒断综合征、腹泻以及炎症性疾病和过敏性疾病等。

盆腔

【标准定位】位于三角窝后1/3的下部，即三角窝5区。

【功能作用】活血化瘀，调经镇痛，美容养颜，补肾填精，通利小便，补肾缩泉，养肝益血。

【适用病症】闭经、痛经、盆腔炎、月经不调、附件炎、下腹痛、腹胀等。

5. 耳屏部

上屏

【标准定位】位于耳屏外侧面上1/2处，即耳屏1区。

【功能作用】补肾缩泉，清热生津。

【适用病症】糖尿病、单纯性肥胖症等。

下屏

【标准定位】位于耳屏外侧面下1/2处，即耳屏2区。

【功能作用】清热和胃。

【适用病症】糖尿病、单纯性肥胖症、甲状腺功能亢进症等。

外耳

【标准定位】位于屏上切迹前方近耳轮部，即耳屏1区上缘处。

【功能作用】滋阴潜阳，通利开窍，聪耳助听。

【适用病症】耳部疾病，如耳聋、耳鸣、中耳炎、听力减退、眩晕等。

屏尖

【标准定位】位于耳屏游离缘上部尖端，即耳屏1区后缘处。

【功能作用】清热解毒，消炎镇痛。

【适用病症】发热、疼痛等。

外鼻

【标准定位】位于耳屏外侧面中部，即耳屏1区、2区之间。

【功能作用】宣通鼻窍，活血通络。

【适用病症】鼻部疾病，如鼻塞、鼻出血、变应（过敏）性鼻炎、酒渣鼻、鼻部疖肿、单纯性肥胖症等。

肾上腺

【标准定位】位于耳屏游离缘下部尖端，即耳屏2区后缘处。

【功能作用】清热退火，活血化瘀，培元固本，祛风止痒，清热解毒，宣肺解表，止咳平喘，宣通鼻窍，镇痛抗敏，平肝息风，统血止血，醒脑兴奋，抗感染、抗炎，抗风湿。

【适用病症】炎性疾病，如支气管炎、腮腺炎、风湿性关节炎等；过敏性疾病，如支气管哮喘、荨麻疹、过敏性皮炎等，以及发热、听力减退、昏厥、休克、高血压、低血压等。

咽喉

【标准定位】位于耳屏内侧面上1/2处，即耳屏3区。

【功能作用】清热解毒，清热利咽。

【适用病症】咽喉疾病，如急慢性咽炎、急慢性喉炎、扁桃体、声音嘶哑、咳嗽、支气管炎等。

内鼻

【标准定位】位于耳屏内侧面下1/2处，即耳屏4区。

【功能作用】宣肺解表，宣通鼻窍，疏风开窍。

【适用病症】各种鼻炎、鼻窦炎、鼻出血、伤风流涕、感冒鼻塞等。

屏间前

【标准定位】位于屏间切迹前方最下部，即耳屏2区下缘处。

【功能作用】清肝明目。

【适用病症】假性近视、青光眼、视神经萎缩等。

6. 对耳屏部

额

【标准定位】位于对耳屏外侧面的前部，即对耳屏1区。

【功能作用】镇静止痛，明目醒脑，宣肺解表，益髓健脑，宣通鼻窍，消除疲劳。

【适用病症】前额痛、近视眼、头晕、失

眠、多梦、牙痛等。

屏间后

【标准定位】位于屏间切迹后方对耳屏前下部，即对耳屏1区下缘处。

【功能作用】清肝明目。

【适用病症】眼部疾病，如青光眼、假性近视、外眼炎性疾病等。

颞

【标准定位】位于对耳屏外侧面的中部，即对耳屏2区。

【功能作用】镇静止痛，明目醒神。

【适用病症】偏头痛、正头痛、头晕、嗜睡。

枕

【标准定位】位于对耳屏外侧面的后部，即对耳屏3区。

【功能作用】平肝息风，解痉止痛，安神静心，调肝明目，止晕止吐，祛风止痒，聪耳助听，醒脑开窍，抗休克。

【适用病症】头痛、头昏、失眠、支气管哮喘、耳鸣、神经衰弱、晕车晕船、颈项强直、抽搐不止，以及眼部和皮肤疾病等。

皮质下

【标准定位】位于对耳屏内侧面，即对耳屏4区。

【功能作用】醒脑开窍，解痉镇痛，祛风止痒，益髓健脑，清热退火，养血安神，通脉宣痹，疏肝利胆，活血化瘀，平肝息风，健脾助运，健脾止泻，和胃降逆，理气消胀，抗感染、抗炎，抗休克。

【适用病症】神经衰弱、假性近视、高血压病、糖尿病、胆石症、胆囊炎、腹泻及各种痛证等。

对屏尖

【标准定位】位于对耳屏游离缘的尖端，即对耳屏1区、2区、4区的交点处。

【功能作用】宣肺止咳，清热解毒，祛风散邪。

【适用病症】呼吸系统疾病，如支气管哮喘、支气管炎、腮腺炎，以及皮肤瘙痒症、低血压、睾丸炎等。

缘中

【标准定位】位于对耳屏游离缘上，对耳屏尖与轮屏切迹之中点处，即对耳屏2

区、3区、4区交点处。

【功能作用】活血化瘀，镇静安神，填精益髓。

【适用病症】脑部疾病，如脑震荡、大脑发育不全等，以及咳嗽、月经过多、功能失调性子宫出血、遗尿症、内耳眩晕等。

脑干

【标准定位】位于轮屏切迹处，即对耳屏3区、4区之间。

【功能作用】益脑安神，解痉止痛，平肝息风，抗休克。

【适用病症】大脑发育不全、抽搐、头痛、头晕、过敏、休克、疼痛、出血、颈项强直、中风等。

7. 耳甲部

口

【标准定位】位于耳轮脚下方前1/3处，即耳甲1区。

【功能作用】清热泻火，祛风除邪，通利关节，滋阴生津，止咳平喘，理气利咽，消除疲劳。

【适用病症】口腔疾病（如口腔溃疡、舌炎）、面瘫、咳嗽、胆囊炎、胆石症、戒断综合征等。

食道

【标准定位】位于耳轮脚下方中1/3处，即耳甲2区。

【功能作用】清咽利膈，疏利食道。

【适用病症】食管疾病，如食管炎、呃逆、食管痉挛、胸闷、吞咽困难等。

贲门

【标准定位】位于耳轮脚下方后1/3处，即耳甲3区。

【功能作用】和胃降逆，宽胸行气。

【适用病症】贲门疾病，如贲门痉挛、神经性呕吐、胃脘疼痛、胸闷不适、食欲不振等。

胃

【标准定位】位于耳轮脚消失处，即耳甲4区。

【功能作用】健脾助运，补中安神，和胃降逆。

【适用病症】胃部疾病，如急慢性胃炎、消化不良、恶心呕吐、胃溃疡等，以及失眠、牙痛、癔症、精神分裂症、癫痫等。

十二指肠

【标准定位】位于耳轮脚及部分耳轮与AB线[1]之间的后1/3处，即耳甲5区。

【功能作用】健脾助运，温中和胃，利气止痛。

【适用病症】十二指肠溃疡、幽门痉挛、胆囊炎、胆石症、胃酸缺乏症等。

小肠

【标准定位】位于耳轮脚及部分耳轮与AB线之间的中1/3处，即耳甲6区。

【功能作用】健脾助运，止痛安神。

【适用病症】消化不良、胃肠炎、肠胀气、心律失常、腹痛、心悸、咽痛等。

大肠

【标准定位】位于耳轮脚及部分耳轮与AB线之间的前1/3处，即耳甲7区。

【功能作用】理气消胀，健脾止泻，清热凉血，通畅肠道。

【适用病症】肠道疾病，如便秘、腹泻、痔等，以及皮肤瘙痒症、痤疮、咳嗽等。

阑尾

【标准定位】位于小肠区与大肠区之间，即耳甲6区、7区交界处。

【功能作用】活血化瘀，解痉镇痛，清利下焦湿热。

【适用病症】急、慢性单纯性阑尾炎、腹泻等。

艇角

【标准定位】位于对耳轮下脚下方前部，即耳甲8区。

【功能作用】益肾固本，清热通淋。

【适用病症】前列腺炎、前列腺增生、泌尿系统感染、遗精、早泄、性功能减退等。

膀胱

【标准定位】位于对耳轮下脚下方中部，即耳甲9区。

---

[1] 在耳轮内缘上，设耳轮脚切迹至对耳轮下脚间中、上、下1/3交界处为A点，在耳甲内，由耳轮脚消失处向后作一水平线与对耳轮耳甲缘相交，设交点为D点，设耳轮脚消失处至D点连线的中、1/3交界处为B点，从A点向B点所作的与对耳轮耳甲艇缘弧度大致相仿的连线即为AB线。连接B、D的连线即为BD线。

【功能作用】清热通淋，通利小便，聪耳助听，补肾缩泉，培补下元，疏通下肢经络。

【适用病症】腰痛、坐骨神经痛、前列腺炎、尿失禁、遗尿症、膀胱炎、尿潴留、后头痛等。

肾

【标准定位】位于对耳轮下脚下方后部，即耳甲10区。

【功能作用】止咳平喘，聪耳助听，清热泻火，益髓健脑，醒脑开窍，美容养颜，补肾缩泉，养血安神，通脉宣痹，调肝明目，舒经活络，消除疲劳，抗风湿。

【适用病症】肾炎、膀胱炎、腰痛、关节炎、耳鸣、耳聋、咽炎、阳痿、遗精、神经衰弱、支气管哮喘、月经不调、痛经等，以及各种慢性虚弱性疾病。

输尿管

【标准定位】位于肾区与膀胱区之间，即耳甲9区、10区交界处。

【功能作用】清热通淋，清利下焦，镇痛止痛。

【适用病症】肾绞痛、肾结石、输尿管结石绞痛、泌尿系统感染等。

胰胆

【标准定位】位于耳甲艇的后上部，即耳甲11区。

【功能作用】疏肝利胆，祛风健胃。

【适用病症】急慢性胰腺炎、胆囊炎、胆石症、消化不良、食欲不振、耳鸣、耳聋、听力减退、偏头痛、糖尿病等。

肝

【标准定位】位于耳甲艇的后下部，即耳甲12区。

【功能作用】疏肝利胆，清头明目，舒筋活络，抗过敏，调节内分泌，止晕止惊，益髓健脑，宣通鼻窍，消除疲劳，养血安神，醒脑开窍，平肝息风。

【适用病症】急慢性肝炎、胆囊炎、胸胁疼痛、胸胀闷、胰腺炎、情绪抑郁、胃脘胀痛、中风偏瘫、扭挫伤、头痛、头晕、眩晕、经前期紧张、月经不调、更年期综合征、高血压、近视、急性结膜炎、单纯性青光眼等。

艇中

【标准定位】位于小肠区与肾区之间，即耳甲6区、10区交界处。

【功能作用】调理肠腑，清热镇痛，理中和脾。

【适用病症】腹痛、腹胀、胆囊炎、泌尿系统结石、听力减退、长期低热等。

脾

【标准定位】位于BD线下方，耳甲腔的后上部，即耳甲13区。

【功能作用】理气利咽，祛风止痒，美容养颜，补肾填精，通利小便，养血安神，养肝益血，调肝明目，舒筋活络，健脾助运，健脾止泻，理气消胀，统血止血，消除疲劳，强壮保健。

【适用病症】脾胃功能失调引起的疾病（如胃脘胀痛、消化不良、食欲缺乏、腹泻、便秘）、口腔炎、功能失调性子宫出血、白带过多、子宫脱垂等。

肺

【标准定位】位于心、气管区周围处，即耳甲14区。

【功能作用】宣肺解表，止咳平喘，祛风止痒，美容养颜，通利小便，清热解毒，强壮保健。

【适用病症】急慢性支气管炎、支气管哮喘、感冒、声音嘶哑、胸闷不适、急慢性鼻炎、急慢性咽炎、自汗、盗汗、荨麻疹、皮肤瘙痒症、湿疹、痤疮、小便不利、戒断综合征、单纯性肥胖症等。

心

【标准定位】位于耳甲腔正中凹陷处，即耳甲15区。

【功能作用】清热解毒，补肾填精，止痛止痒，祛风止痒，清热退火，活血化瘀，养肝明目，益髓健脑，醒脑开窍，通脉宣痹，养血安神，抗休克。

【适用病症】心血管疾病（如冠心病、心悸、心绞痛、心律失常）、高血压病、贫血、失眠、盗汗、神经官能症、血管性头痛、舌炎、皮肤瘙痒症等。

气管

【标准定位】位于心区与外耳门之间，即耳甲16区。

【功能作用】宣肺止咳，平喘化痰。

【适用病症】咳喘、急慢性支气管炎、咽炎、感冒等。

三焦

【标准定位】位于外耳门后下，肺区与内分泌区之间，即耳甲17区。

【功能作用】通利小便，聪耳助听，清热解毒，疏肝利胆，健脾止泻，理气消胀，清热镇痛。

【适用病症】水肿、小便不利、腹泻、便秘、腹胀、消化不良、单纯性肥胖症、耳聋、耳鸣、咳喘、肝炎、糖尿病等。

内分泌

【标准定位】位于屏间切迹内，耳甲腔的底部，即耳甲18区。

【功能作用】宣肺解表，理气利咽，祛风止痒，美容养颜，通利小便，补肾缩泉，益髓健脑，养肝益血，健脾助运，抗过敏，抗感染、抗炎，抗风湿。

【适用病症】遗精、阳痿、前列腺炎、痛经、更年期综合征、月经不调、糖尿病、甲状腺功能亢进症、肥胖症、变应(过敏）性鼻炎、荨麻疹、湿疹、痤疮、风湿性关节炎等。

8. 耳垂部

牙

【标准定位】位于耳垂正面前上部，即耳垂1区。

【功能作用】清热解毒，镇痛化瘀。

【适用病症】牙痛、牙周炎、低血压等。

舌

【标准定位】位于耳垂正面中上部，即耳垂2区。

【功能作用】醒脑开窍，清热降火，通络化瘀。

【适用病症】舌溃疡、口腔炎等。

颌

【标准定位】位于耳垂正面后上部，即耳垂3区。

【功能作用】通利关节，消炎止痛。

【适用病症】颞下颌关节紊乱综合征、牙痛等。

垂前

【标准定位】位于耳垂正面前中部，即耳垂4区。

【功能作用】宁心安神，镇静止痛，交济

心火。

【适用病症】神经衰弱、失眠多梦、牙痛等。

眼

【标准定位】位于耳垂正面中央部，即耳垂5区。

【功能作用】醒脑开窍，调肝明目。

【适用病症】假性近视、急慢性结膜炎、视网膜炎等。

内耳

【标准定位】位于耳垂正面后中部，即耳垂6区。

【功能作用】清利头目，通利耳窍，补益肝肾，聪耳助听。

【适用病症】耳鸣、耳聋、头昏、听力减退、中耳炎、晕车晕船、眩晕等。

面颊

【标准定位】位于耳垂正面眼区与内耳区之间，即耳垂5区、6区交界处。

【功能作用】通经活络，祛风镇痛，美容养颜。

【适用病症】面神经炎、三叉神经痛、黄褐斑、痤疮等。

扁桃体

【标准定位】位于耳垂正面下部，即耳垂7区、8区、9区。

【功能作用】清热解毒，消肿镇痛，理气利咽。

【适用病症】慢性扁桃体炎、咽炎以及各种原因引起的发热。

9. 耳郭背面

耳背心

【标准定位】位于耳背上部，即耳背1区。

【功能作用】宁心安神，清泻心火，镇痛止痒。

【适用病症】心悸、失眠、多梦、高血压、头痛、疖肿等。

耳背肺

【标准定位】位于耳背中内部，即耳背2区。

【功能作用】宣肺平喘，利气清热。

【适用病症】急慢性支气管炎、感冒、支气管哮喘、发热、皮肤瘙痒症及消化系统疾病等。

耳背脾

【标准定位】位于耳背中央部，即耳背3区。

【功能作用】健脾和胃，营血养肌。

【适用病症】腹胀、腹泻、消化不良、食欲不振、胃脘痛、失眠等。

耳背肝

【标准定位】位于耳背中外部，即耳背4区。

【功能作用】疏肝利胆，活血利筋，清头明目。

【适用病症】肝炎、胆囊炎、胸胁胀满、腰酸背痛、头痛、目眩等。

耳背肾

【标准定位】位于耳背下部，即耳背5区。

【功能作用】滋阴潜阳，清热补肾，聪耳强骨。

【适用病症】肝阳上亢引起的眩晕、失眠、头痛、烦热，以及月经不调、闭经、痛经、神经衰弱等。

耳背沟

【标准定位】位于对耳轮沟和对耳轮上、下脚沟处。

【功能作用】平肝息风。

【适用病症】高血压、血管神经性头痛、眩晕、皮肤瘙痒症等。

10. 耳根部

上耳根

【标准定位】位于耳郭与头部相连的耳最上处。

【功能作用】清热凉血，息风镇痛，宣肺平喘。

【适用病症】头痛、鼻出血、中风偏瘫、支气管哮喘以及各种疼痛等。

耳迷根

【标准定位】位于耳轮脚后沟的耳根处。

【功能作用】疏肝利胆，解痉镇痛，通窍宁心。

【适用病症】胆囊炎、胆石症、头痛、鼻塞、鼻炎、心律失常、腹痛、腹泻等。

下耳根

【标准定位】位于耳郭与头部相连的最下处。

【功能作用】益肾补气，镇痛止喘。

【适用病症】头痛、腹痛、支气管哮喘、低血压等。

第四章

调理亚健康的耳穴疗法

身体出现不适，却检查不出疾病？这并不是你过于敏感，而是健康系统出了问题，如果置之不理，小症状就有可能变成大问题。利用耳穴进行调理，可以提高脏腑器官功能，使机体代谢运作逐步恢复正常，将疾病隐患扼杀在“摇篮”中！

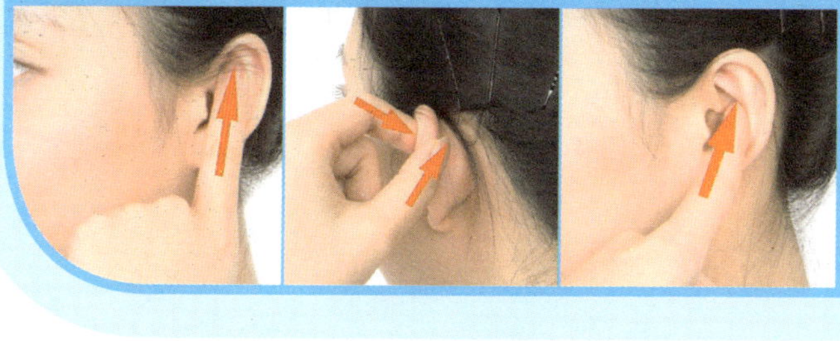

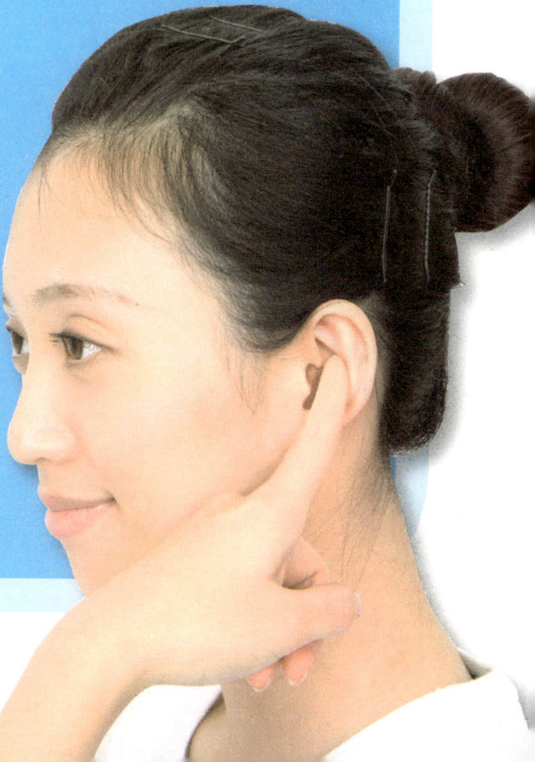

改善睡眠

耳穴诊断参考

在失眠点下等处可触压或探及到敏感点，或在局部有溃烂、皮疹、变色等阳性反应点。

治疗选用方法

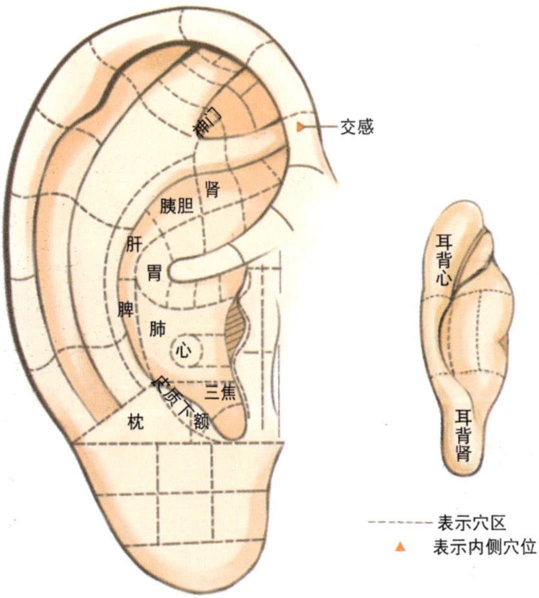

(1) 耳穴按摩法：轻揉耳郭5～10次，至局部发热红润。以重按快放手法按摩神门、肾、心、耳背肾各10次，双耳交替进行。持续捏按耳背心2～3分钟，反复3～4次，双耳交替进行。轻揉上述穴区各3次，双耳交替进行。

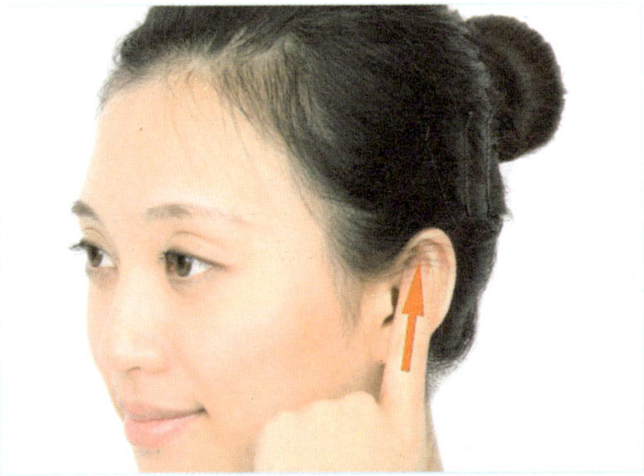

(2) 耳穴压丸法：主穴取神门、枕、额、皮质下，心脾两虚加心、脾，心肾不交加心、肾，肝阳上亢加肝、三焦，心胆气虚加心、肝，脾胃不和或多梦加脾、胃，痰热内扰加肺、脾。将王不留行子、白芥子或冰片贴在相应耳穴上，先取单侧穴，双耳交替进行，每日自行按揉耳穴3次，每穴每次5分钟，隔日换贴一次，3次为一疗程。

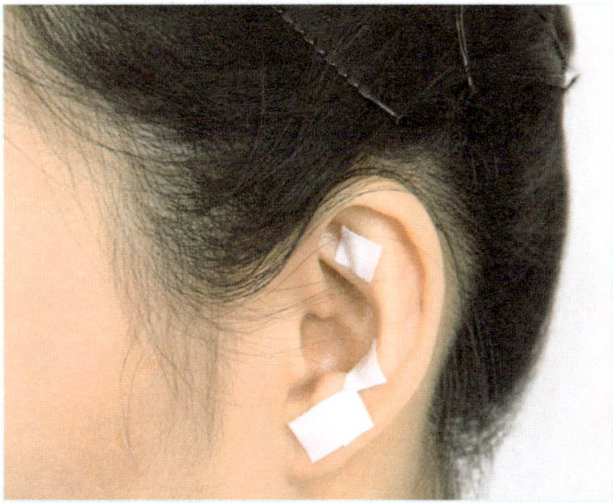

(3) 耳穴贴药膏法：主穴取神门、交感、心、枕、皮质下，心脾两虚加脾，阴虚火旺加肾，心胆气虚加胰胆、肝，肝郁化火加肝，痰热内扰加三焦、脾、肺。将药膏切成合适大小，贴在相应耳穴上，按揉约1分钟。每日自行按揉耳穴3～5次，每穴每次各1分钟，间隔1～2日换贴一次，10次为一疗程。

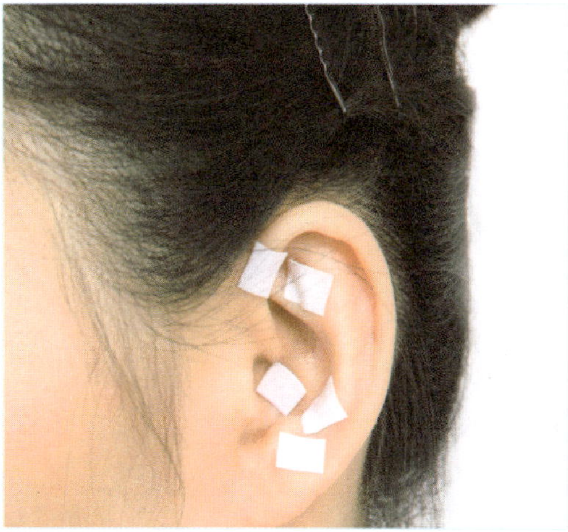

生活小贴士

① 饮食以清淡易消化的食物为主，少吃油腻、煎炸、熏烤食品，忌食刺激性的温燥食物。

② 晚餐七分饱，睡前不进食，避免大量饮水。

③ 养成良好的睡眠习惯，白天休息时间不宜过长，夜晚不看引起情绪波动的书籍、节目，打造舒适的睡眠环境。

④ 放松心情，适当运动。

提高食欲

耳穴诊断参考

① 脾区、胃区见白色无光泽的点片状或凹陷阳性反应点。

② 在脾区、胃区可扪及轻度凹陷，在口区、食道区、脾区、胃区触及或探及到敏感点。

治疗选用方法

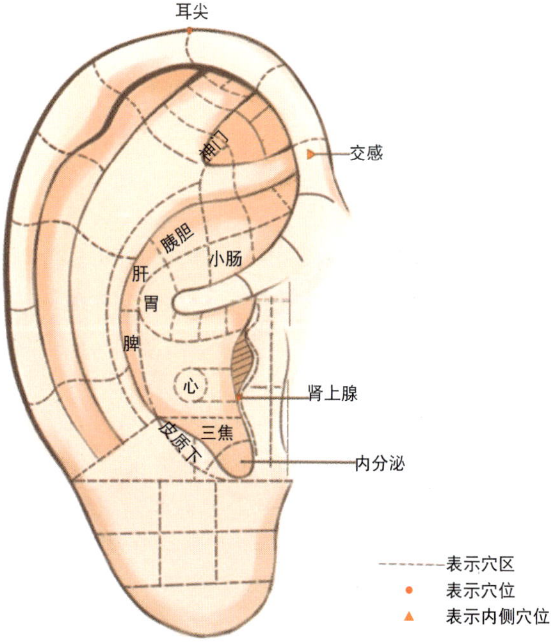

(1) 耳穴按摩法：点按胃、脾、胰胆、三焦、交感、皮质下、肝、心、神门、小肠、内分泌各10～20次，双耳交替进行。

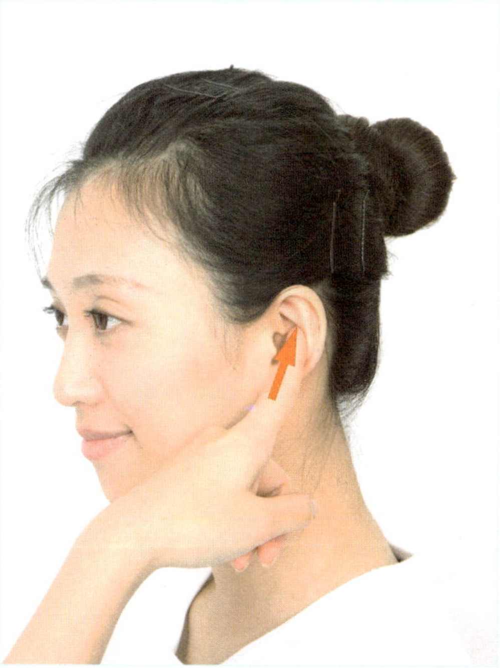

(2) 耳穴压丸法：主穴取脾、胃、胰胆，配穴取交感、小肠、皮质下。取单侧耳穴，将王不留行子贴在相应耳穴上，实热证引起的食欲缺乏加耳尖、肾上腺，采用强刺激的泻法；虚证引起的食欲缺乏采用补法或平补平泻法。按揉2～3分钟，每日自行按揉耳穴3次，每隔1～3日换另一侧进行，7次为一疗程。

生活小贴士

① 少量多餐，尽量避免空腹，少吃或不吃肥厚油腻食物。

② 多食用易于消化、富含B族维生素的食物。

③ 合理调配食物，合理烹调。

④ 保持愉快的心情，饭后尽量多休息。

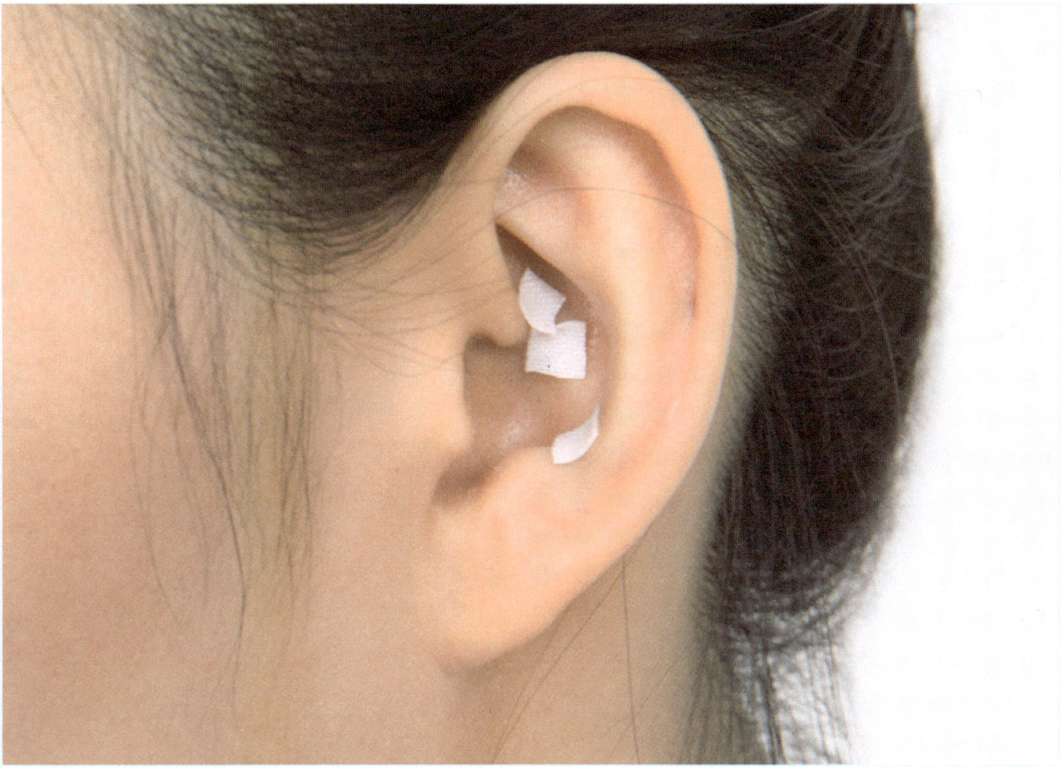

调理月经

耳穴诊断参考

① 在内生殖器区可见点片状红晕、脂溢性脱屑、小丘疹，或小丘疹与暗红色红晕的混合性改变，部分还可见小血管呈网状扩张。

② 内分泌区可见暗红色点状或小片状。

③ 肾区可见淡红色或白色的点状或小片状。

④ 月经过多者，行经前三角窝有时可见血疱样改变，在行经期内生殖器区可见鲜红色。

⑤ 月经先期属血热者，内生殖器区可见鲜红色点片状，气虚者内生殖器区可见暗红色点片状红晕。月经后期属气虚证者，内生殖器区可见苍白色点片状或有脱屑。气滞血瘀者在内生殖器区可见暗红色、脱屑。

⑥ 在内生殖器区扪及粗糙不平感，在内生殖器区、内分泌区触压或探及敏感点，虚证者在肾区、实证者在肝区可触压或探及到敏感点。

治疗选用方法

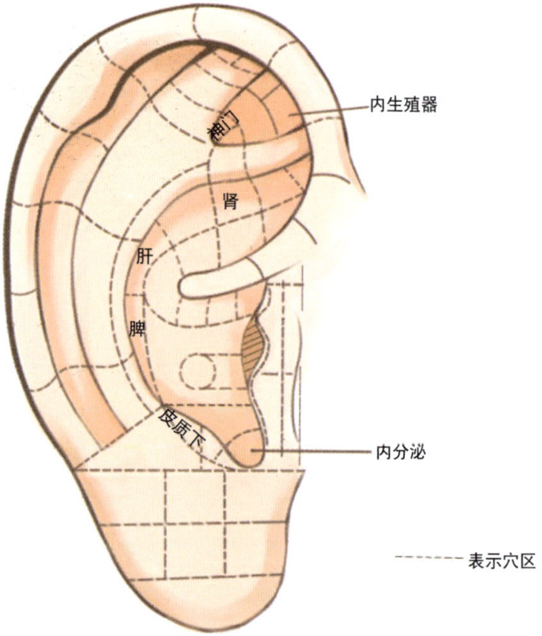

(1) 耳穴按摩法：掐内生殖器10次，双耳交替进行。点按内分泌、肝、脾、肾各5～6分钟，反复3～4次，双耳交替进行；轻揉上述穴区各3～5次，持续7～8分钟，双耳交替进行。

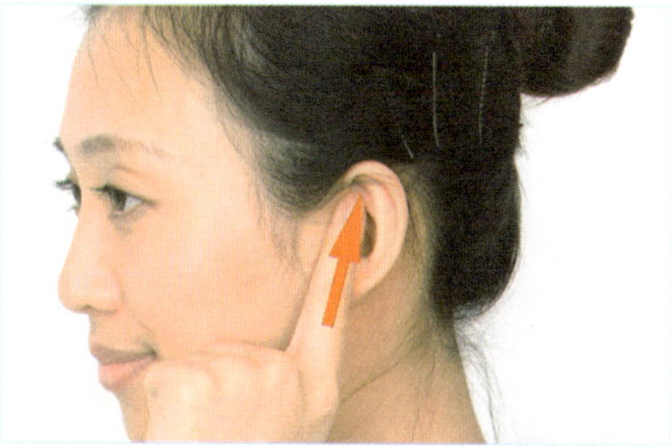

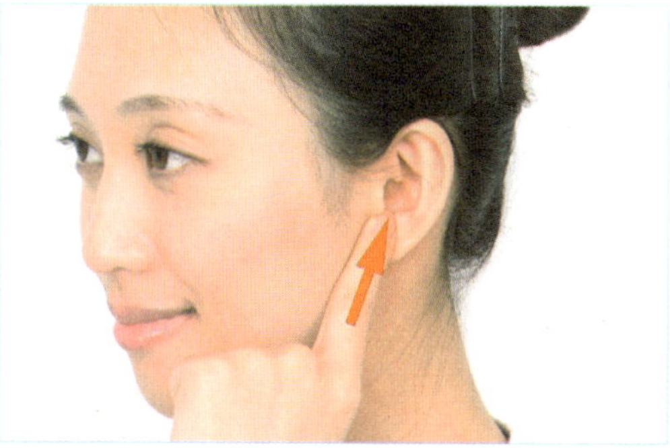

(2) 耳穴压丸法：取内生殖器、神门、肝、脾、肾、内分泌、皮质下，将王不留行子贴在相应耳穴上，并按压至有明显痛感，若无痛感，用指甲压王不留行子并左右活动，直至出现痛感。每日自行按压3～4次，每穴每次按压至有明显痛感。先取一侧耳穴，7天（夏季为5天）后取对侧耳穴，每次于行经前半个月贴压，至月经来潮为一疗程。

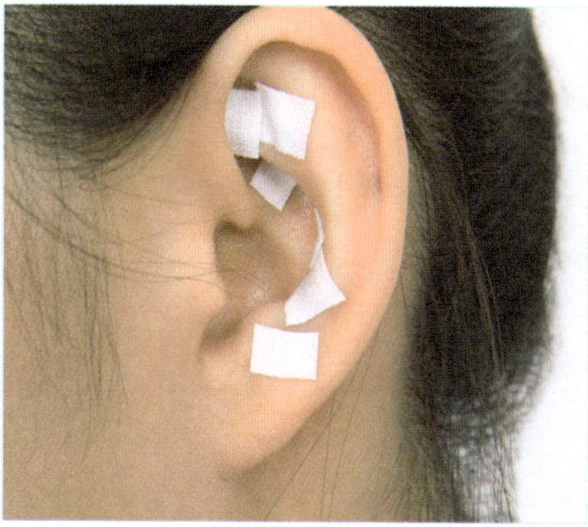

生活小贴士

①经期忌食高脂食物、高钠食物，禁饮含咖啡因饮料。

②饮食宜清淡且富于营养，忌食生冷或刺激性食物。

③休息，保持情绪稳定，减轻体力劳动，农村妇女不下湿地干活。

④注意经期卫生，避免用生水、冷水清洁下身，禁行房事。

通畅大便

耳穴诊断参考

①大便不畅者在大肠区、小肠区常见白色点状或片状物、丘疹，有褶皱；或出现糠皮样脱屑。

②扪及大肠区有质地较硬的条索状隆起。

③在大肠区、直肠区、脾区、肺区、艇中、交感区，可触压或探及到几个或多个敏感点。

治疗选用方法

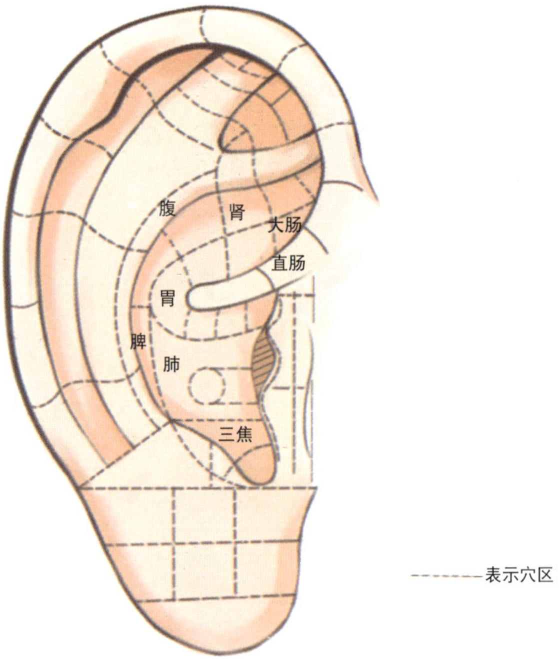

(1) 耳穴压丸法：主穴取直肠、大肠，实秘加肺、胃、三焦、腹，虚秘加肺、脾、肾。将王不留行子贴在主穴上，再根据症状贴于相关配穴上，晨起饭后、睡前自行按压15分钟，3天后换另一侧贴压。

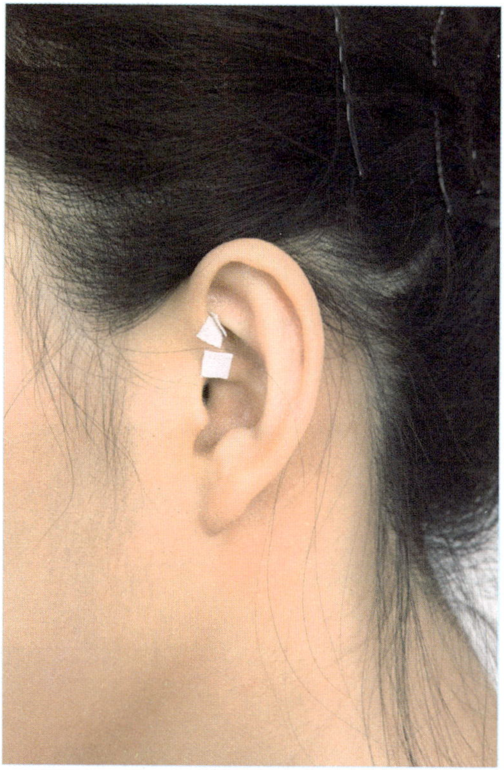

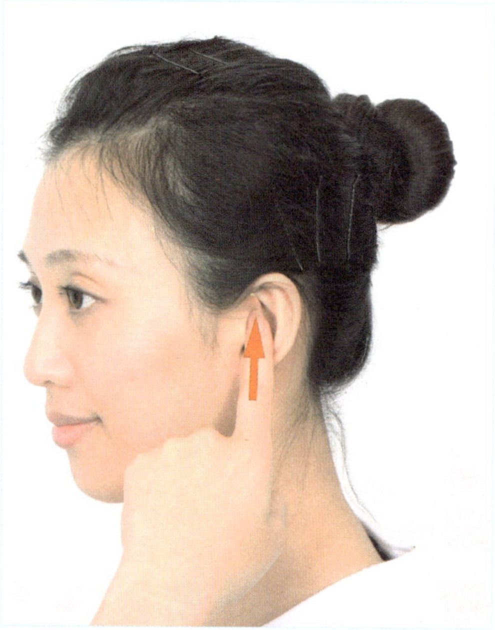

⑵ 耳穴按摩法：点按大肠、直肠、腹、三焦各10次，腹和三焦以相同手法重复3～4次，换另一侧进行相同手法。

生活小贴士

① 生活起居有规律，不要忽视便意，养成定时排便、集中精力排便的良好习惯。

② 加强腹肌、膈肌、肛提肌的锻炼。

③ 适当吃粗粮和容易消化的食物，摄取足够水分和适量植物脂肪，少吃强烈刺激性助热食物。

明目增视

耳穴诊断参考

① 眼区、屏尖前、屏间后可见白色点状物，视力下降较明显者还可见界限清晰的圆形或不规则褶皱纹。

② 在眼区、屏间后可扪及不规则隆起、凹陷或褶皱，在眼区、肝区、屏间前、屏间后、角窝中区、食道区可触按或探及到敏感点。

治疗选用方法

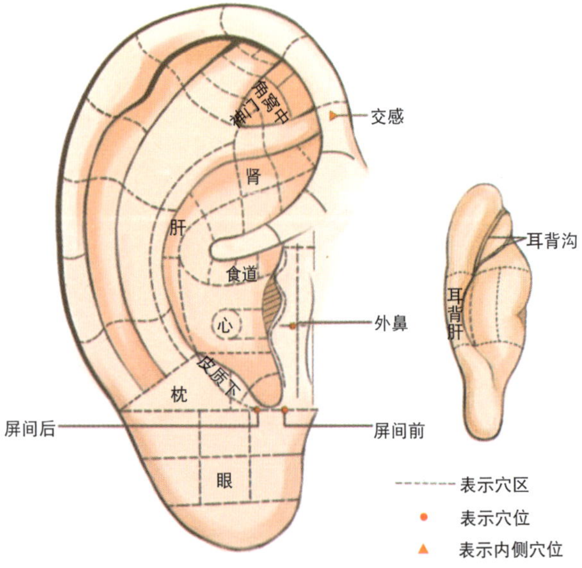

(1) 耳穴按摩法：掐眼10次，点按肝、肾、枕各5～6分钟，反复3～4次。每个穴区先按摩一侧，再按摩另一侧，然后进行下一个步骤。轻揉上述穴区各3～5次，持续时间为7～8分钟，双耳交替进行。

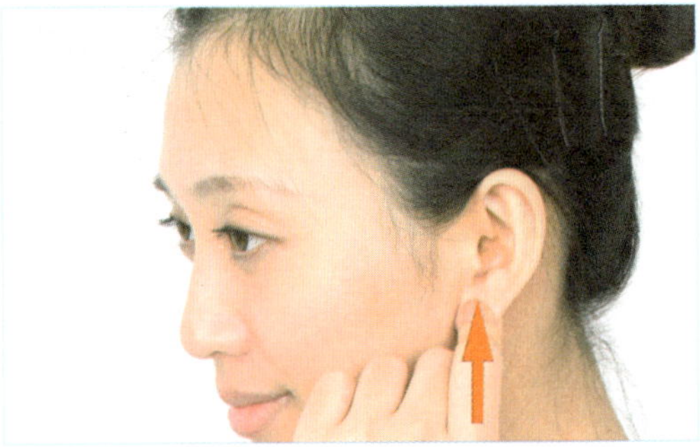

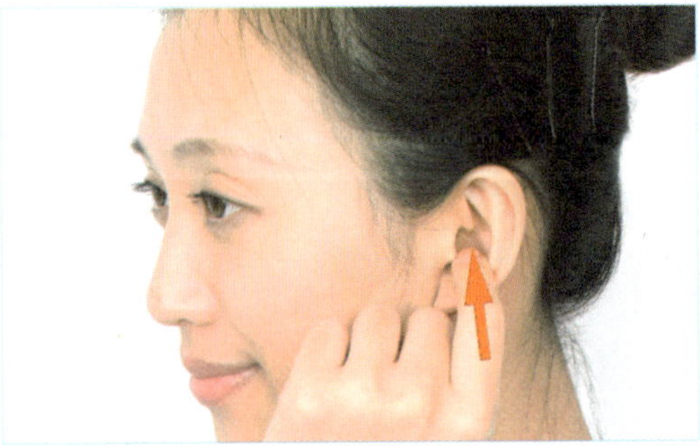

(2) 耳穴压丸法：主穴取眼、肝、肾、屏间前、屏间后，同时在皮质下、食

道、角窝中、外鼻、耳背肝找敏感点。使用压丸法时，将王不留行子贴在主穴和敏感点上，轻柔地按压耳穴，至眼部出现酸、热、胀、欲流泪。每次取单侧耳穴，双耳交替进行，每隔1～3日换贴一次，每日自行按压耳穴各4次。10次为一疗程，疗程间隔7～10日。

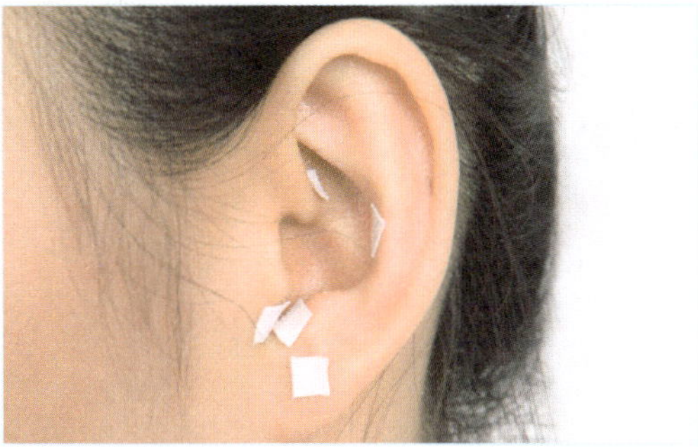

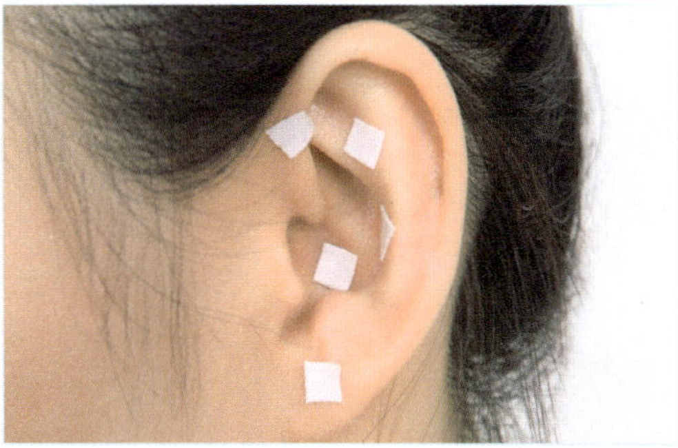

(3) 耳穴贴药膏法：主穴取神门、心、肝、眼、交感、耳背沟，另取面部阳白、瞳子髎、承泣、睛明，足底涌泉至然谷（近视线穴区），每次取双侧穴位，将麝香镇痛膏等芳香刺激性较强的药膏贴在相应穴位上，1分钟后有眼睛发凉、舒适、酸胀、热辣或受压感（得气），若无得气感或得气感不明显，可对相应穴位施以按法或揉法。隔日换贴1次，10次为一疗程。

生活小贴士

① 均衡饮食，适当增加富含维生素的食物，少吃甜食。

② 注意用眼卫生，避免连续用眼时间过长，定时闭目休息或远眺。

③ 营造良好的阅读环境，光线不宜过亮或直接照射眼睛，与书本或屏幕保持安全距离。

温馨提示

阳白： 位于前额部，当瞳孔直上，眉上1寸。

瞳子髎： 位于面部，目外眦旁，当眶外侧缘处。

承泣： 位于面部，瞳孔直下，当眼球与眶下缘之间。

睛明： 位于内眼角上方0.1寸处。

涌泉： 位于足底部，卷足时足前部凹陷处，约当第2、3趾趾缝纹头端与足跟连线的前1/3与后2/3交点上。

然谷： 位于足内侧缘，足舟骨粗隆下方，赤白肉际处。

缓解眼睛干涩

治疗选用方法

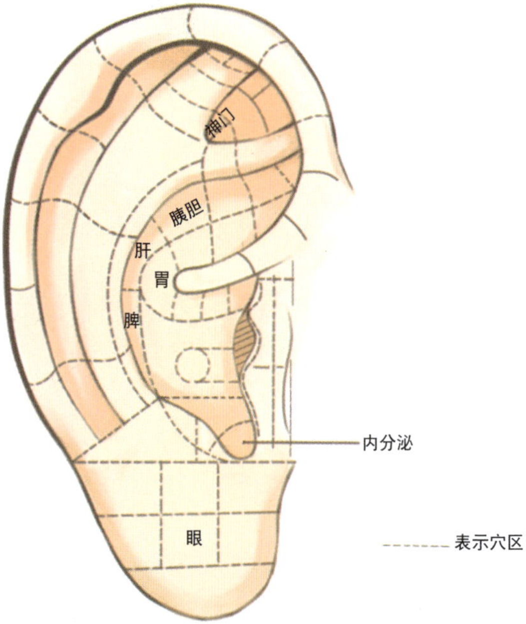

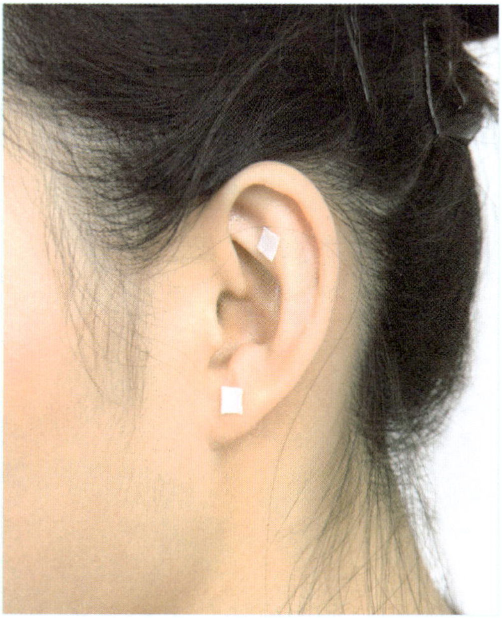

耳穴压丸法：从神门、眼、肝、内分泌、脾、胃、胰胆等穴区中，每次取2～4个，将莱菔子贴在相应耳穴上，并捏揉至局部出现酸、麻、胀、痛感，每日按压4～6次。取单侧耳穴，2日换贴对侧耳穴，10次为一疗程。

生活小贴士

① 适当增加黄色、绿色蔬菜及胡萝卜、大枣、维生素A的摄取，为视神经提供营养。

② 定时休息眼睛，做眼保健操或远眺。

③ 保持良好的室内环境，照明柔和，操作电脑时防止反光，减少开空调时间和次数。

改善戒断综合征

治疗选用方法

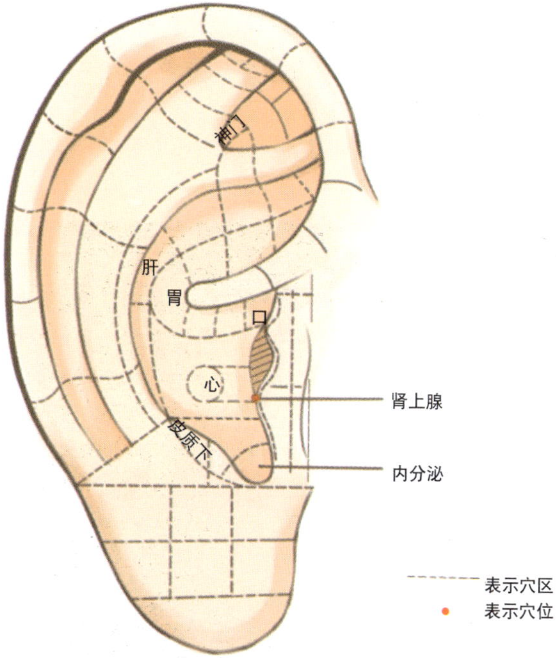

(1) 耳穴压丸法：戒烟取神门、内分泌、皮质下，并在心、肝、胃、肾上腺等穴区中找敏感点，将王不留行子贴在主穴和相应敏感点（2～3穴即可）上，在出现症状或欲吸烟时按压耳穴，直至症状消失为止。每次取单侧耳穴，每隔3～10日换另一侧，天冷时间隔日可稍延长一些。2～7次为一疗程。

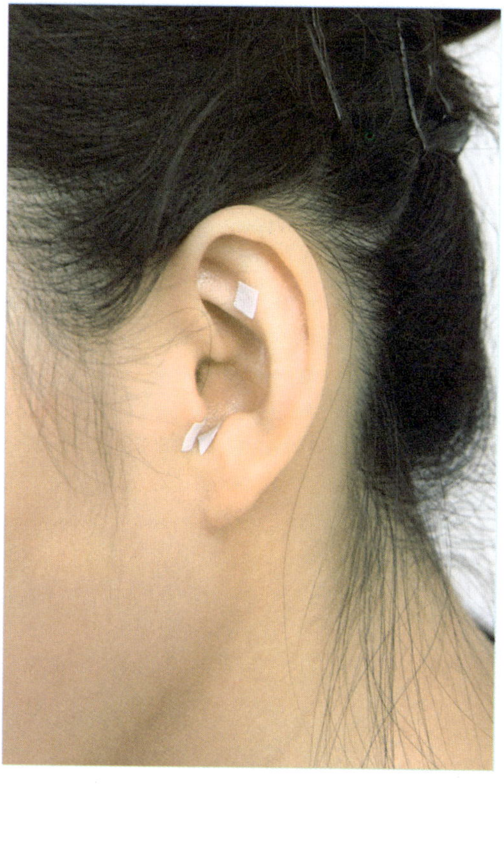

(2) 戒酒取心、胃、口、皮质下、内分泌，在双侧相应耳穴寻找2～4个压痛敏感点，欲饮酒前在最大承受范围内强刺激3～5分钟。每隔3日换一次，4～8次为一疗程。

生活小贴士

戒断综合征是指在戒烟、戒酒过程中可能出现的精力不集中、乏力、头痛、心悸，甚至烦躁不安、恶心等一系列临床症状的一组综合征。在采用耳穴疗法期间，一定要避免抽烟、喝酒，并采用其他方法，如多吃水果、听音乐、读书、运动等方法转移注意力。

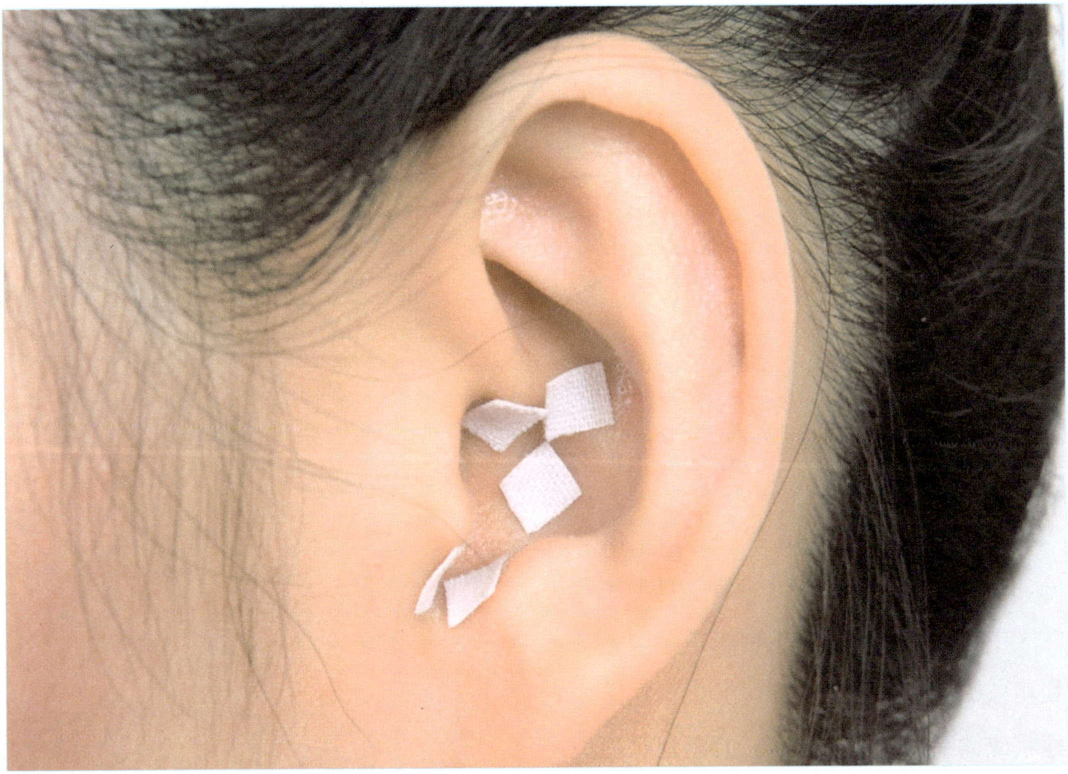

改善电脑综合征

治疗选用方法

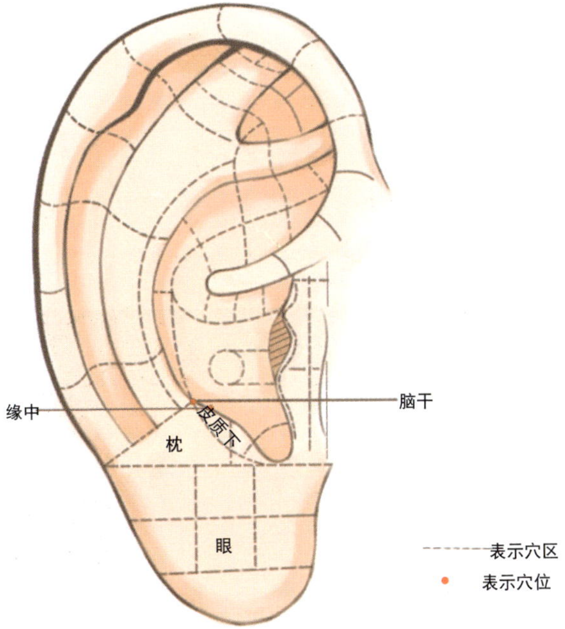

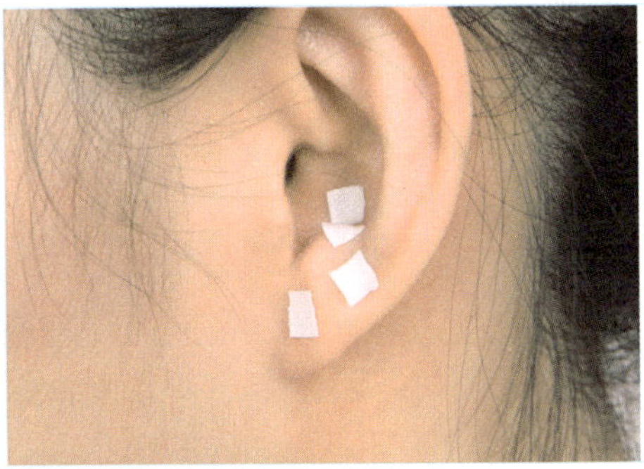

耳穴压丸法：预防电脑综合征可取眼、脑干、枕、皮质下、缘中。将王不留行子贴在相应耳穴上，每日自行按压3～5次，每穴每次按压2～3分钟。

生活小贴士

电脑综合征表现为头痛、眼睛干涩、视力下降、咽干、咳嗽、肢体酸痛或麻木、精神烦躁、易于疲劳、注意力不集中等一系列临床症状。产生原因与室内环境差、操作电脑时间过长、操作电脑体位不当、电磁辐射等因素有关。

① 在操作电脑时，应注意劳逸结合，每30分钟休息一次。

② 保持个人和室内卫生，用完电脑后洗手、洗脸，室内多通风。

③ 电脑摆放高度适中，屏幕底座与胸部同一水平，椅子高度以膝盖自然屈曲90°为限。

④ 操作电脑姿势正确，颈背挺直，臂肘屈曲90°，手腕与鼠标或键盘水平。

改善经前紧张征

耳穴诊断参考

① 行经水肿者，在神门区、内分泌区可见小片肿起，质感柔软。

② 行经情志异常者，在上述穴区可见白色点状或片状物，边缘有红晕，质感粗糙。

③ 在神门区、肝区、肾区、脾区、内分泌区可触压或探及到敏感点。

治疗选用方法

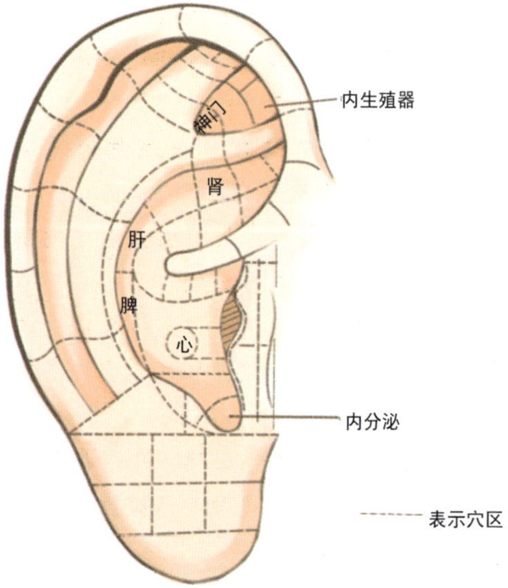

耳穴压丸法：主穴取神门、内分泌、内生殖器，以精神症状为主加心、肝，水肿明显者去神门加脾、肝、肾。每次取单侧穴，将王不留行子贴在相应耳穴上，按压至感觉疼痛。每日自行按压4次以上，每隔2～3日换贴一次，耳诊从在月经来潮前7～10日开始，至月经来潮为止。

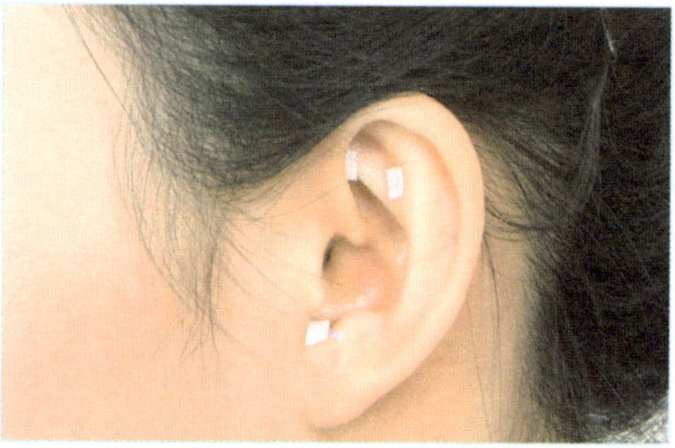

生活小贴士

① 保持心情舒畅，做好自我调整，适当发泄情绪。

② 饮食清淡，多摄取维生素，适当减少盐分。

③ 经前适当休息，劳逸结合，平日加强锻炼，增强体质。

第五章

美容美体的耳穴疗法

美丽，原本应当是无界限的，可现实生活中经常出现损美问题，为女性打开这扇门设下种种限制。想要打破这个限制并非难事，耳穴疗法蒙调和气血、疏通经络、扶助正气、祛除邪气，来恢复机体整体与局部正常生理活动，达到美颜和塑形的目的。

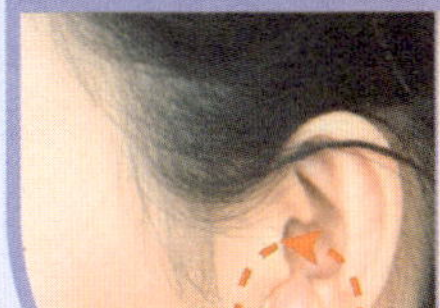

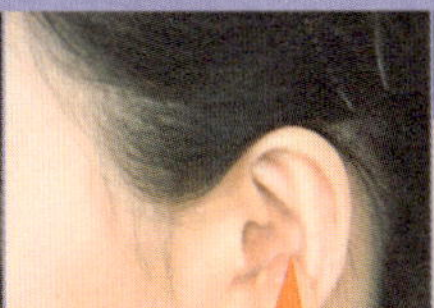

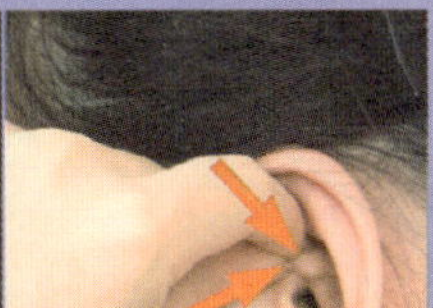

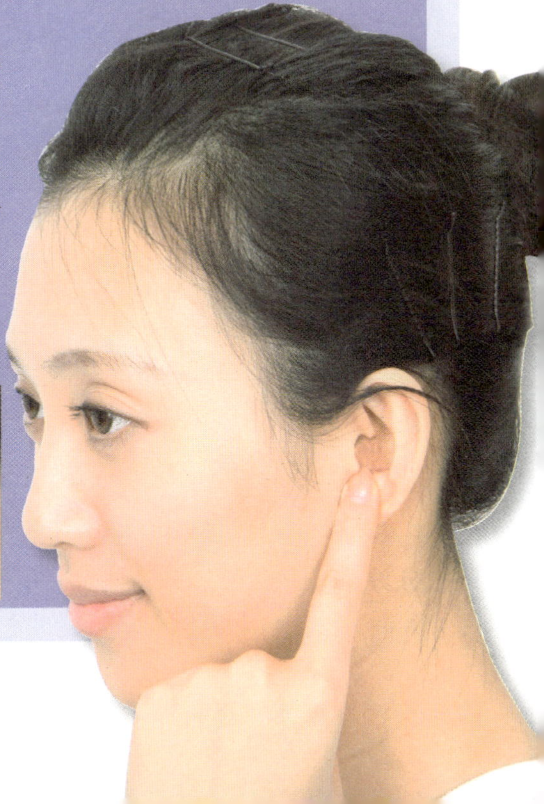

肤色暗淡

治疗选用方法

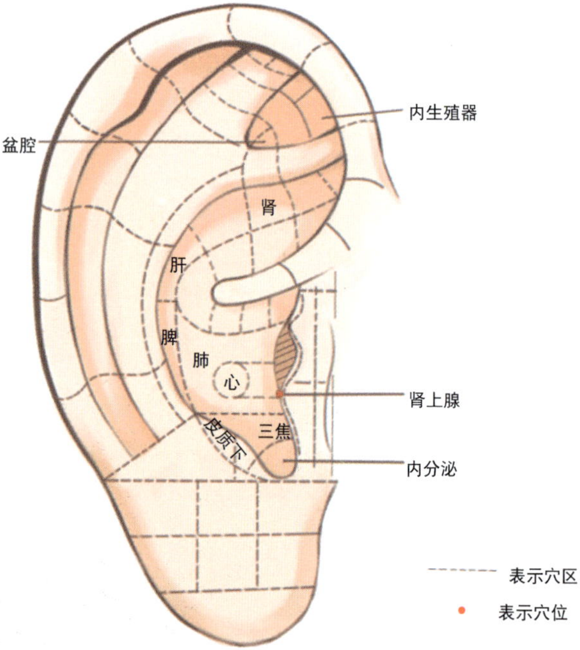

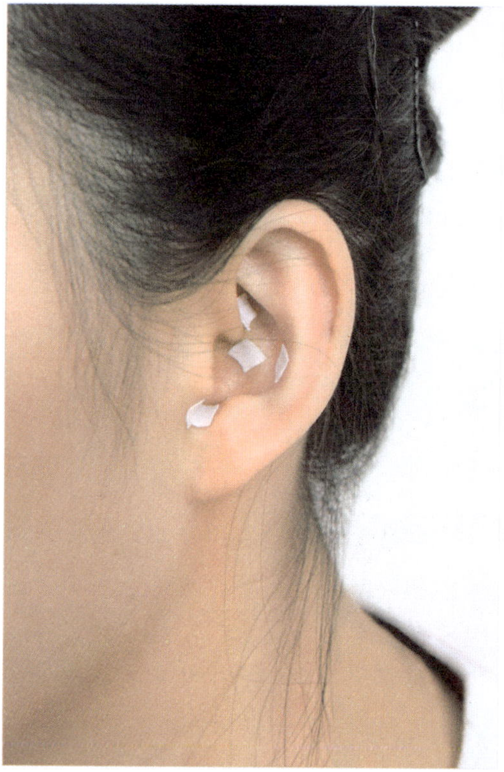

(1) 耳穴压丸法：取肝、肺、肾、皮质下、内分泌，寻找敏感点，每次选3～5穴，将王不留行子或油菜子贴在相应耳穴上，每日自行按压4~6次，每次每穴3～5分钟。每周更换两次，2周为一疗程，疗程间相隔1周。

(2) 耳穴按摩法：取内分泌、内生殖器、皮质下、肾上腺、肾，并在脾、肝、盆腔、三焦、心、肺寻找敏感点，点按或按揉主穴，敏感点使用捏按等手法，每穴各30～50次，每日两次，1个月为一疗程。

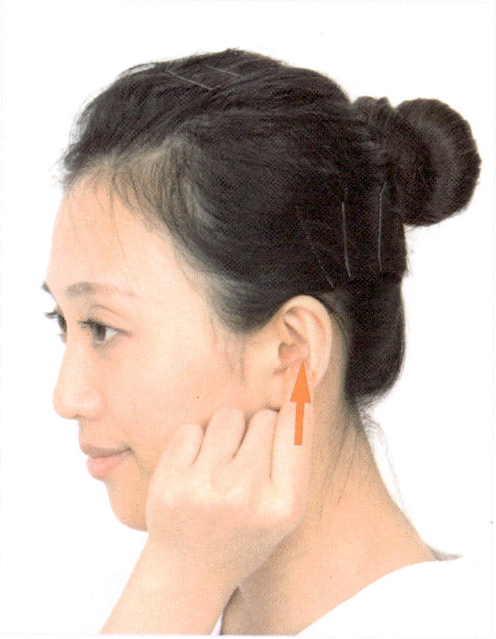

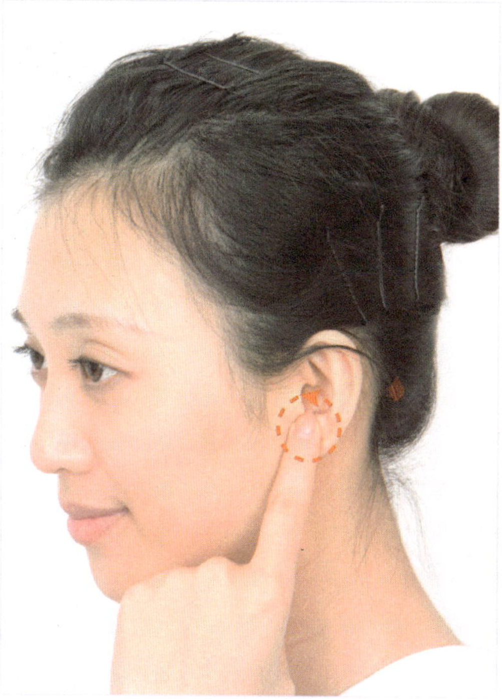

生活小贴士

① 注意休息，保持高质量睡眠。

② 注意饮食调养，多吃瓜果蔬菜、豆制品等食物，少吃辛辣刺激性食物。

③ 注意保持卫生，彻底清洁皮肤，除了日常洗脸外，还可定期蒸脸或涂抹美白产品。

寻常性痤疮

治疗选用方法

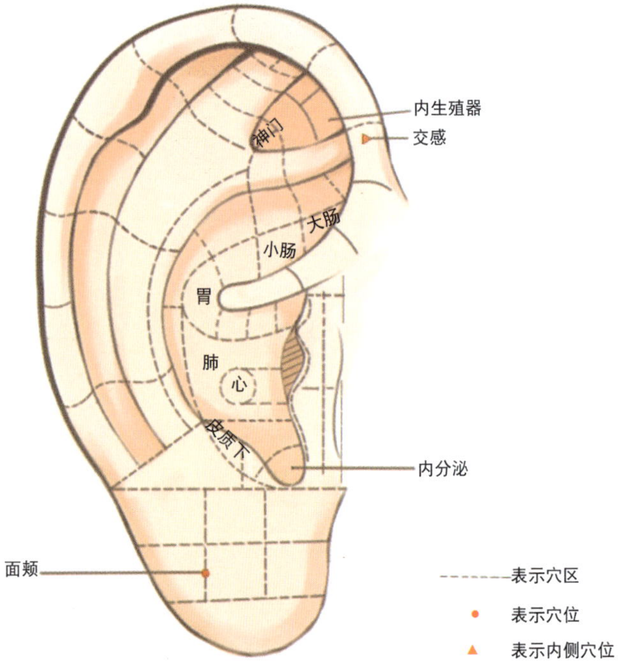

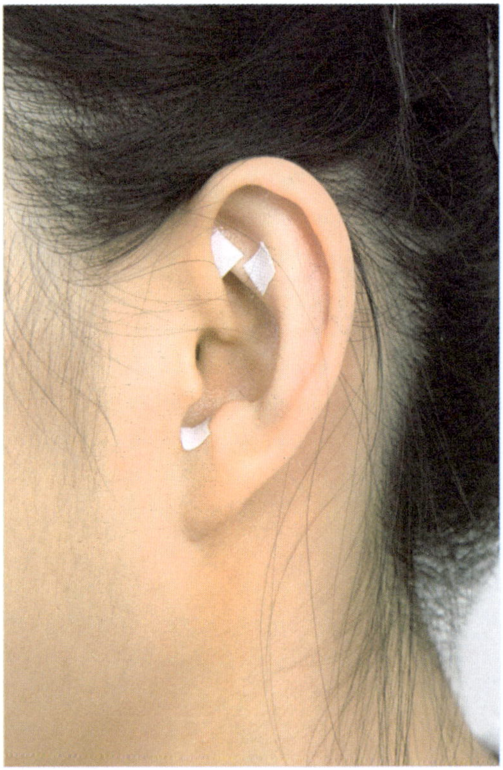

(1) 耳穴压丸法：取肺、神门、交感、内分泌、皮质下，取单侧耳穴，将王不留行子贴在相应耳穴上，每日自行按压3～5次，每穴每次3分钟，以耳郭出现微痛为度，5次为一疗程，下一疗程换对侧耳穴。

(2) 耳穴按摩法：主穴取肺、内分泌、胃、面颊，并从大肠、神门、心、内生殖器、小肠中找敏感点，点按、按揉或对捏主穴和敏感点各30～50次。每日2次，30天为一疗程。

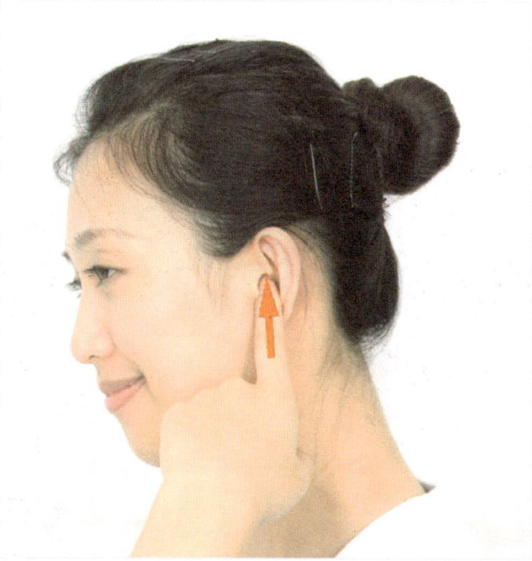

生活小贴士

① 饮食宜清淡，多吃新鲜蔬菜和水果，少吃味甘、肥厚、油腻的食物。

② 用温水洗脸，保持面部清洁，不用手挤压痤疮部位。

③ 睡眠充足，定时排便，保持情绪稳定。

防皱、除皱

治疗选用方法

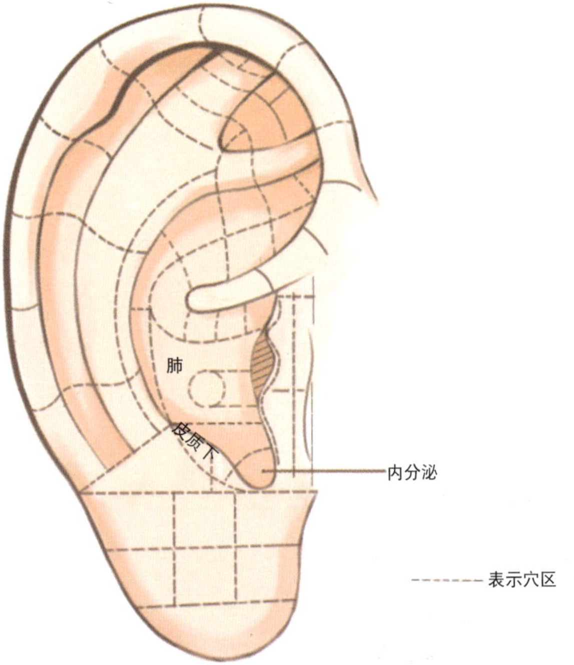

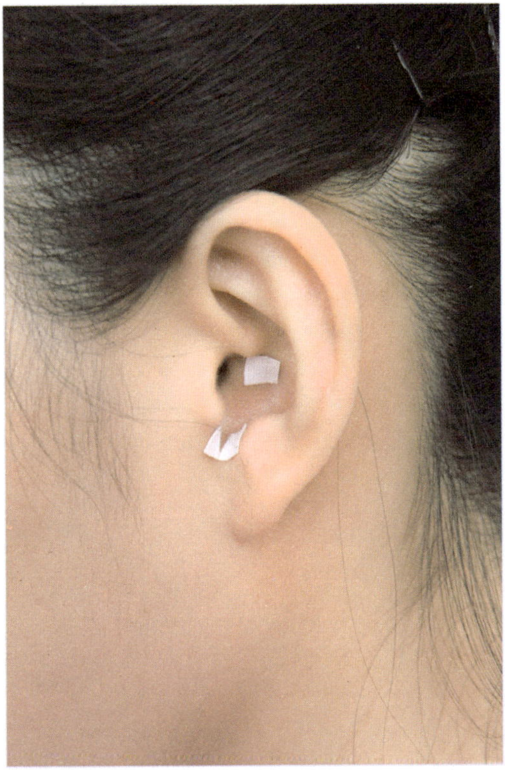

耳穴压丸法：取内分泌、皮质下、肺、相应部位（与皱纹生长部位相对的耳穴），将王不留行子或油菜子贴在双侧耳穴上，每日自行按压3～5次，每穴每次3～5分钟，每周换贴两次，2周为一疗程，疗程间隔7日。

生活小贴士

① 防晒防辐射，每天使用防晒霜或使用遮光物，并注意皮肤保湿。

② 改变睡觉姿势，以仰卧为主。

③ 戒烟戒酒，健康饮食。

黄褐斑

耳穴诊断参考

①在相应部位、肺区可见褐色或暗灰色点状物。

②在内分泌区、内生殖器区、肺区、相应部位等，可触按到或探及敏感点。

治疗选用方法

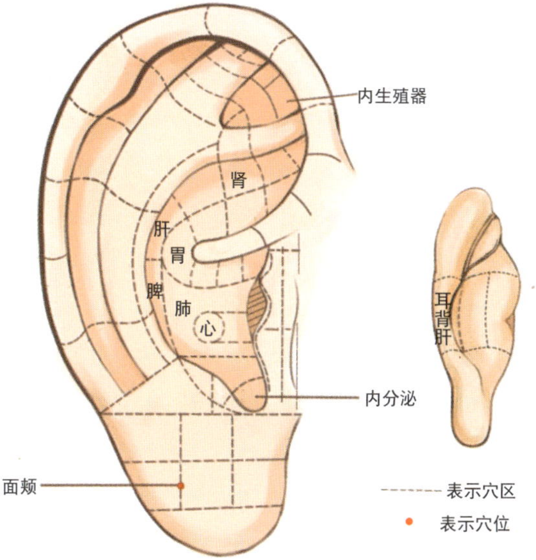

耳穴压丸法：主穴取内分泌、肝、肺、面颊，月经失调引起的加内生殖器，肝肾阴虚加肾、耳背肝，气滞血瘀加心，食少纳呆加脾、胃。每次取单侧耳穴，将王不留行子贴在耳穴上，施以平补平泻的按揉手法，至耳郭发热、面部出现感觉为度。每日自行按压3～4次，每穴每次3分钟，隔日换贴对侧耳穴，10次为一疗程，疗程间隔7～10日。

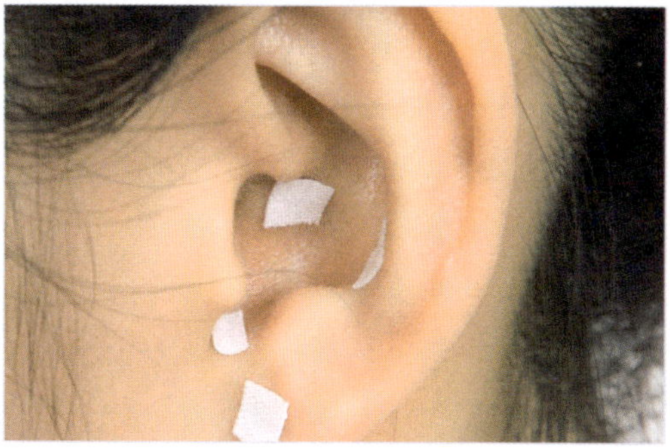

生活小贴士

①避免日晒、电子辐射，特别是在治疗期间少晒太阳、少看电视或电脑。

②保持精神乐观，避免郁闷生气，学会释放压力。

③多吃富含维生素C的蔬菜和水果，忌烟酒、辛辣刺激性食物，多饮水，保持大便通畅。

酒渣鼻

治疗选用方法

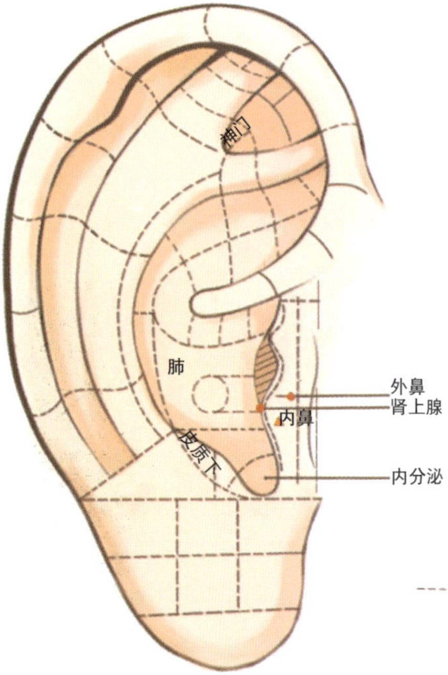

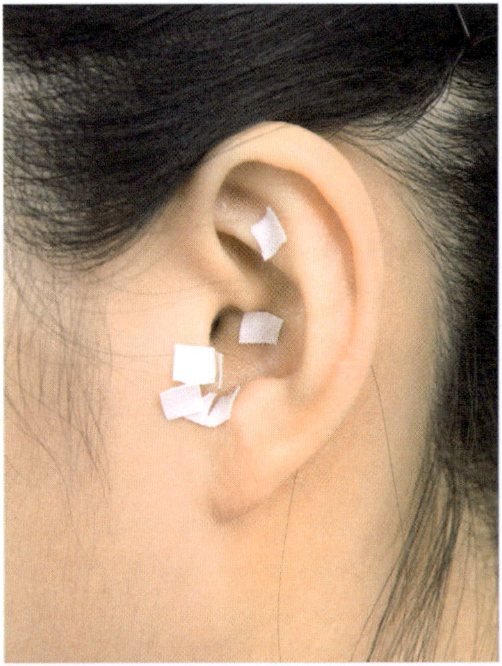

耳穴压丸法：取外鼻、内鼻、肺、肾上腺、神门、内分泌、皮质下，每次取单侧耳穴，将王不留行子贴在耳穴上，每日自行按压数次，每穴每次2～3分钟，每隔2～3日换对侧耳穴，15次为一疗程。

生活小贴士

① 饮食宜清淡，不饮酒或食用刺激性食物。

② 避免面部受到过冷或过热的刺激，保持情绪稳定。

③ 生活有规律，劳逸结合，保持高质量睡眠。

④ 避免长时间日晒，做好防晒工作。

单纯性肥胖症

治疗选用方法

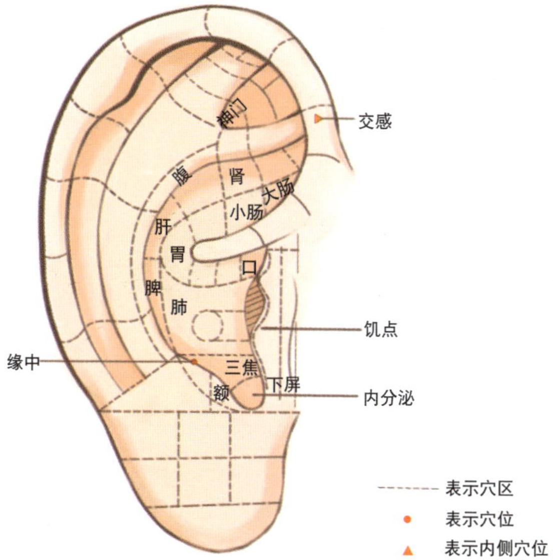

(1) 耳穴按摩法：以中重度手法按揉肺、肾、交感、内分泌、脾、胃、腹10分钟，双耳交替进行。掐胃、脾、肺各10次，双耳交替进行。点按腹5～6分钟，反复3～4次，双耳交替进行。提捏交感1分钟，逐渐加力，反复5～6次，双耳交替进行。点按内分泌数分钟，至耳部发热，双耳交替进行。轻揉上述穴区各3～5次，持续时间为7～8分钟，双耳交替进行。

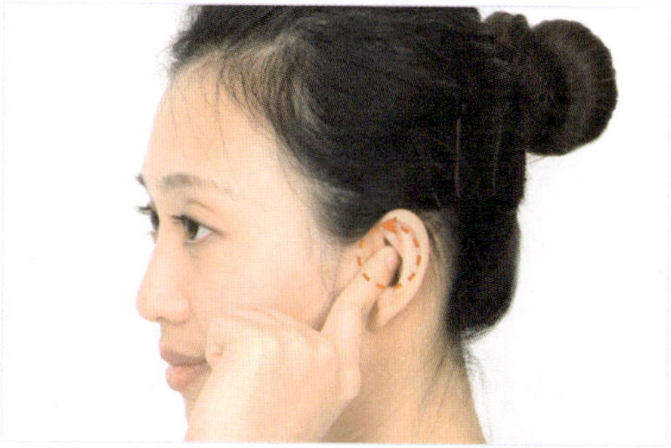

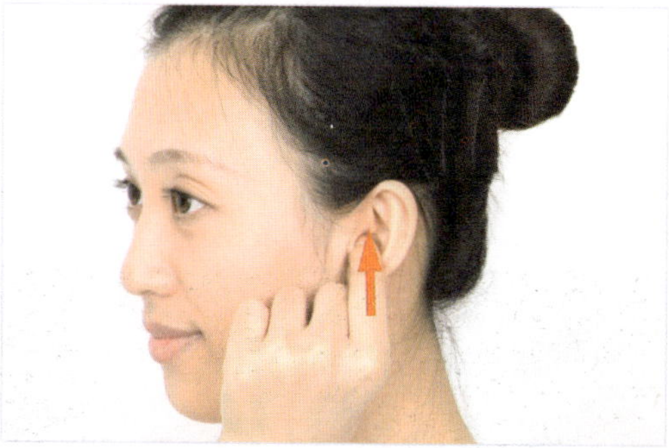

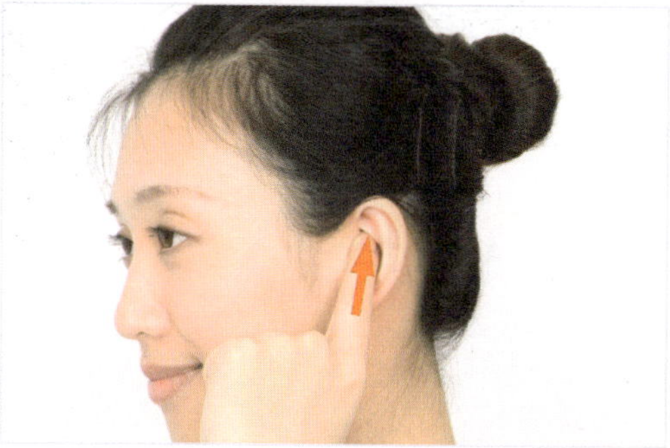

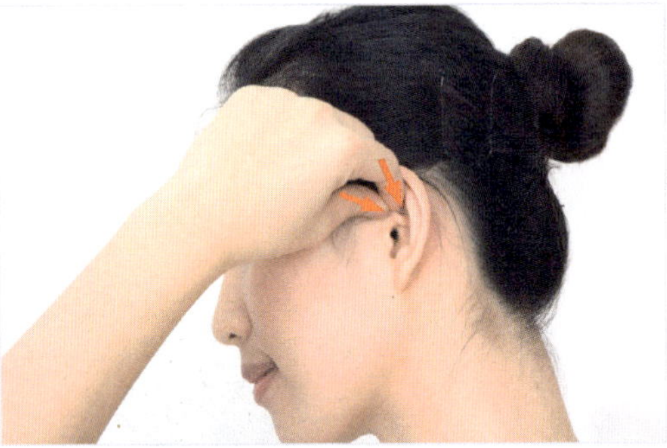

(2) 耳穴压丸法：主穴取口、缘中、内分泌、神门，脾胃俱旺加下屏、三焦，脾胃俱虚加脾、小肠，脾胃阳虚加脾、肾。每次选取单侧，在饭前或感觉饥饿时按压数分钟，每穴按压80次以上，双耳交替进行。隔日换贴一次，10次为一疗程，疗程间隔7日。

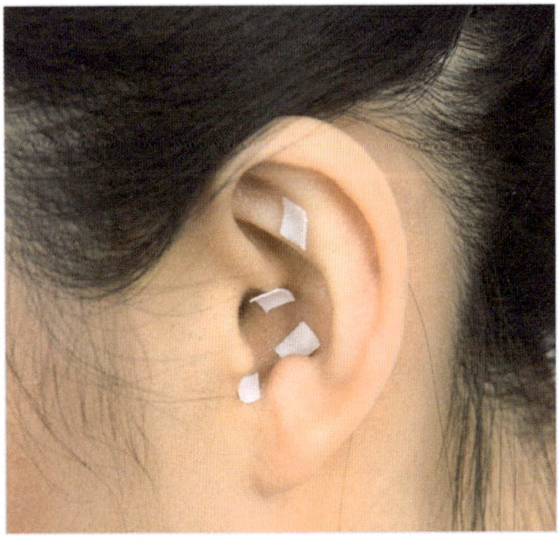

(3) 耳穴施灸法：主穴取大肠、三焦、内分泌，过食者加饥点，嗜睡加额，饮水多者加肺、胃，尿少或下肢水肿者加肾，便秘加肝、脾，动则气急汗出者加脾。每次取双耳主穴和相应配穴，用线香悬灸耳穴，每日或隔日一次，10次为一疗程，疗程间隔5日。

生活小贴士

① 饮食清淡，营养均衡，素食为主，睡前不宜进食。

② 治疗期间限制饮食，按需增加蛋白质，减少糖、脂肪和碳水化合物摄入。

③ 生活有规律，忌多睡，保持良好情绪，适当进行活动和体力劳动。

第 | 六 | 章

治疗常见病症的耳穴疗法

人吃五谷杂粮，总免不了生病，有些疾病的治疗需要以药物为主，日常调理为辅，而有些小病通过日常调理就可以得到改善，甚至痊愈。作为中医疗法的耳诊，通过对穴位的刺激，使之对脏腑器官产生良性作用，促进体内自愈系统运行，具有调理和治病两种功效。

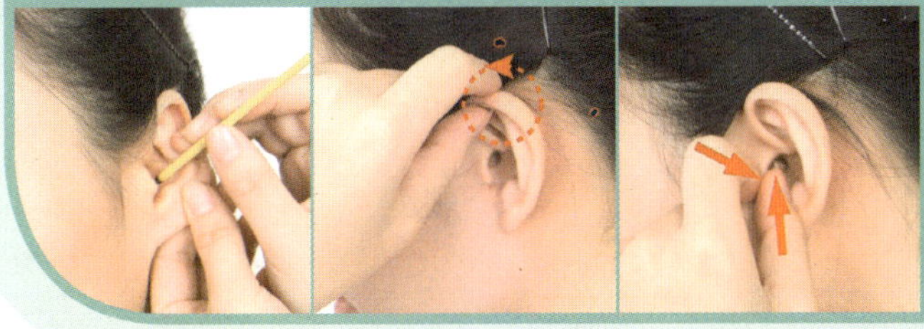

流行性感冒

耳穴诊断参考

(1) 在神门区、枕区、对屏尖之间，可见点状及小片状红晕，或小血管充盈等阳性反应。

(2) 双手手指置于耳部，感觉全耳出现异常发热，或神门区小血管发生凸起样改变。

(3) 在神门区、内鼻区、咽喉区、肺区、气管区，可触压及或探及敏感点。

治疗选用方法

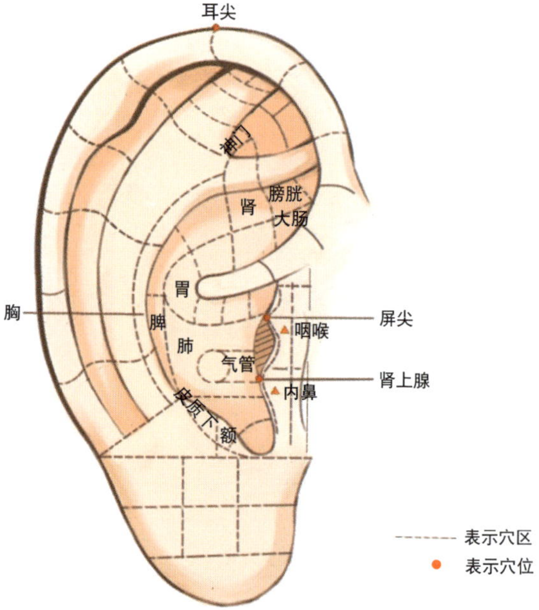

(1) 耳穴压丸法：主穴选肺、肾上腺、神门、内鼻。随症配穴：发热配耳尖、屏尖放血，全身酸痛乏力配肾、皮质下，咽喉声嘶配咽喉，咳嗽配气管。将药丸置于耳穴上，以中等力度揉捏药丸3～5分钟，每天4～6次；王不留行子固定在耳穴，每穴按压1分钟，每天3～5次，3～4天更换一次。

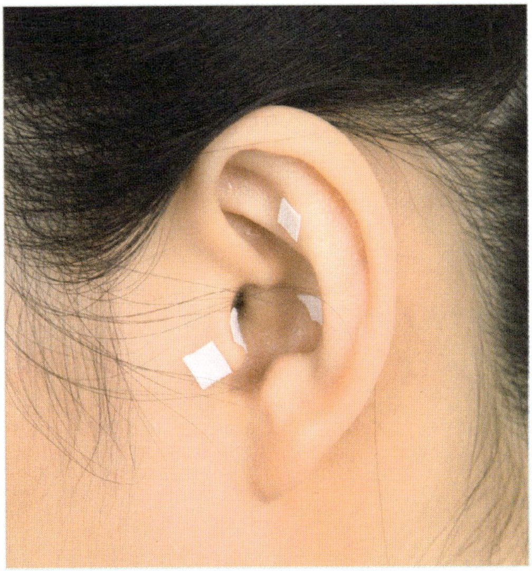

(2) 耳穴施灸法或耳穴压丸法：主穴取肺、内鼻、肾上腺。配穴取气管、耳尖、屏尖、脾、胃、大肠。每穴灸或压丸3～5分钟，每日一次，病情较重者每日两次。

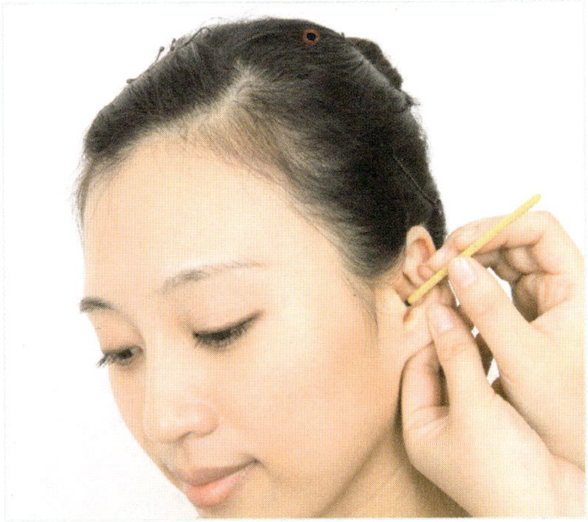

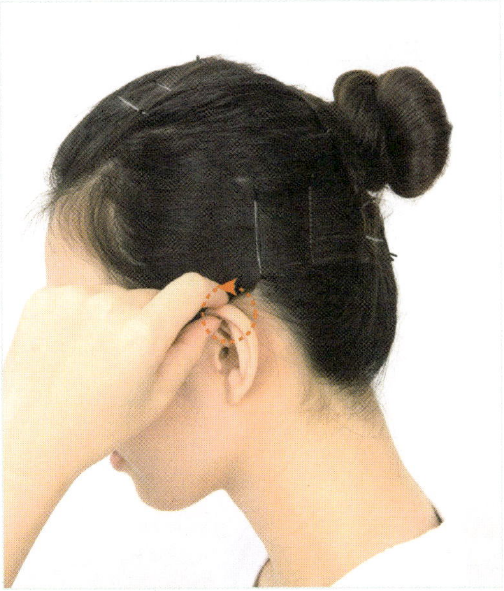

(3) 耳穴按摩法：主穴选肺、内鼻、气管、胸。配穴选额、神门、肾、膀胱、耳尖。揉按各穴区30～50次，双耳交替进行。每日两次，早晚各一次。

生活小贴士

① 饮食宜清淡，多喝稀粥或开水。

② 季节交替，气温变化较大时，注意防寒保暖。

③ 在用药、施以耳穴疗法的同时，可配合食物调理。

慢性支气管炎

耳穴诊断参考

① 气管穴区可见丘疹（或点状）样白色（或暗红色）隆起。

② 肺区多见阳性反应，少数人在脾区可见阳性反应，多呈白色点状或小片状，发作时边缘出现红晕。

③ 可在气管区扪及条索状结节，在肺区、气管区、神门区、肾区、脾区、内分泌区触压或探及到敏感点。

治疗选用方法

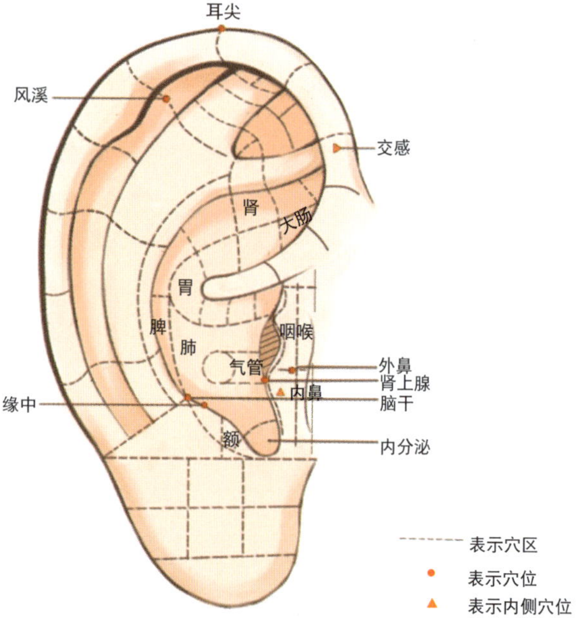

耳穴按摩法：以中重力度重捏咽喉、肺、气管、大肠、内鼻、外鼻、肾、内分泌、耳尖、交感10分钟，双耳交替进行。掐肺、交感各10次，双耳交替进行。捏按内鼻、外鼻、耳尖各2分钟，双耳交替进行。轻揉上述穴位各3～5次，持续时间为7～8分钟，双耳交替进行。

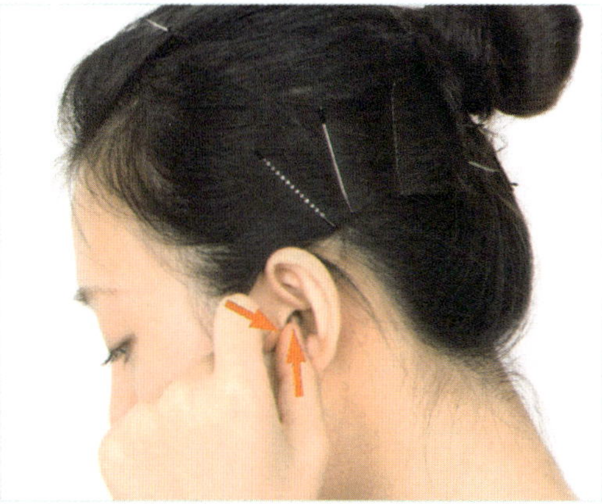

发热头痛加额，咳重加缘中，喘甚加肾上腺、肾，鼻塞流涕加内鼻、外鼻，感冒痰多加脾，饮食减少加脾、胃，过敏引起的加脑干、风溪。

生活小贴士

① 防止吸入有害气体和粉尘，外出戴上口罩，避免不良刺激。

② 经常开窗通风，注意气候变化，适当休息，避免过度劳累，防止感冒受凉。

③ 增加维生素A和维生素C等营养的摄入。

④ 坚持耐寒锻炼，用温度适中的冷水洗脸、擦身。

⑤ 饮食清淡，彻底戒烟或避免吸二手烟，忌食辛辣厚味。

支气管哮喘

耳穴诊断参考

①气管区及肺区的前1/3处，可见点状或片状白色或红色的小点或斑点，有时界限不是很清晰。

②气管区、肺区多见阳性反应，也有部分人的肾区和风溪可见阳性反应。阳性反应大多会出现白色点状或片状等情形，在边缘处有红晕，也有部分人在风溪出现脱屑。

③在肺区、气管区、对屏尖、风溪、内分泌区等触及或探及到敏感点。

治疗选用方法

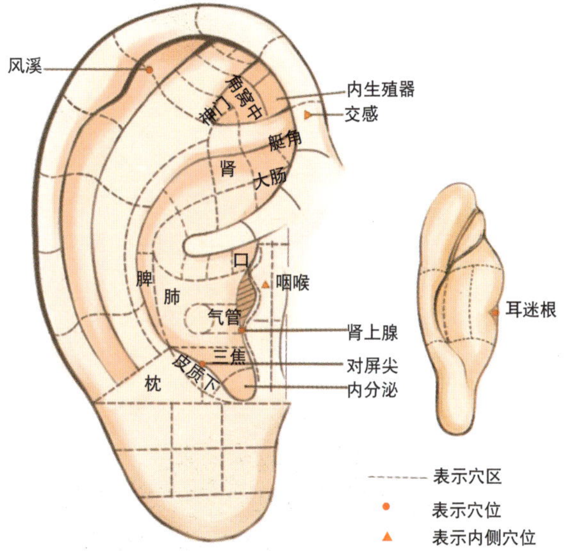

(1) 耳部压丸法：主穴取对屏尖、肺、气管、肾上腺、神门，配穴取交感、人肠、脾、肾、三焦，除选取主穴外，可根据病情选取2～3个配穴，并在肺区、气管区找敏感点。将王不留行子压于耳穴相应部位，左右耳交替取穴，重者双耳同时贴压。每天至少按压穴位3～4次，每次5～10分钟，哮喘发作严重者可按压30分钟，每周更换两次。

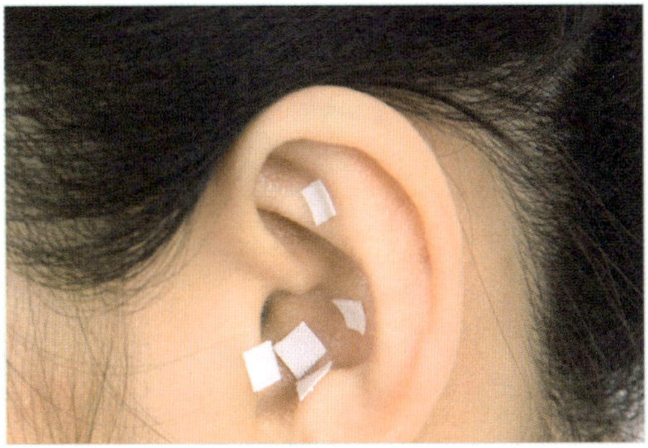

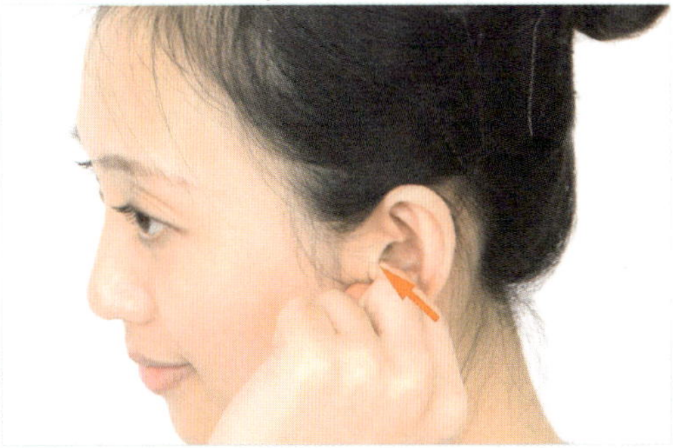

(2) 耳穴按摩法：双手由上至下轻轻按揉耳郭5～10次，以局部出现微痛感为宜。点按气管、肾上腺、肺、肾各10～15次，气管和肺应逐渐用力，以局部有热、胀感为宜，双耳交替进行。用牙签或指甲切按咽喉、皮质下、内分泌、脾、交感、神门各20次，至局部红润、有胀热感，力度由轻至重，双耳交替进行。

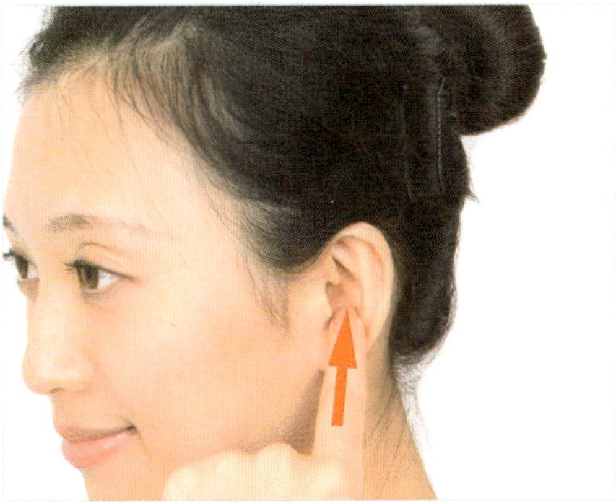

也可主穴取肺、肾上腺、交感、对屏尖、内生殖器（或艇角），配穴取神门、枕、内分泌、风溪、大肠、角窝中、耳迷根、气管、脾、肾、三焦、咽喉、口，按揉各20次，至局部红润、有胀热感，力度由轻至重，双耳交替进行。

生活小贴士

① 过敏性体质者避免接触致敏原，并注意饮食安全。

② 气候变化时及时添减衣物，避免受凉感冒。

③ 调整饮食结构，增加有利于呼吸系统健康的营养成分，忌烟酒、刺激性食物及海鲜等。

④ 加强体育锻炼，提高身体素质。

慢性咽炎

耳穴诊断参考

① 耳部血管明显呈现一种网状改变。

② 在咽喉区、扁桃体区等可触压或探及到敏感点。

治疗选用方法

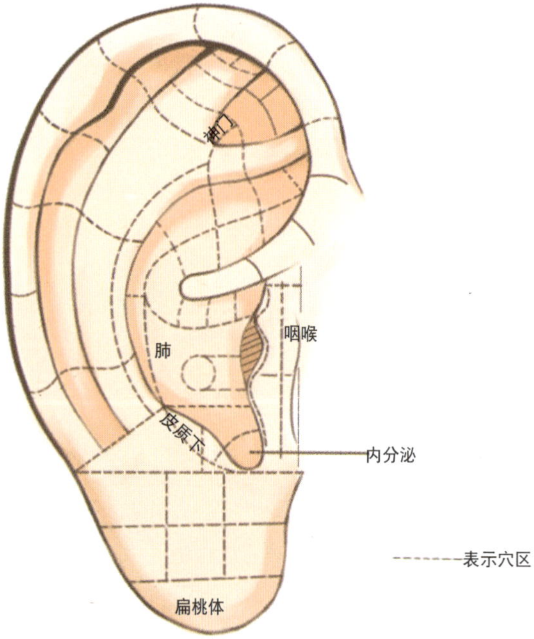

(1) 耳穴按摩法：重捏咽喉、扁桃体、神门、肺、皮质下各1～2分钟，再加入揉法持续1～2分钟，双耳交替进行。对咽喉、扁桃体进行重捏轻放，手不离皮肤，各反复10次，双耳交替进行。以中重度力量点按神门2～3分钟，反复3～4次，双耳交替进行。掐肺、皮质下，至局部红润。轻揉上述穴区各5～6次，持续时间为4分钟，双耳交替进行。

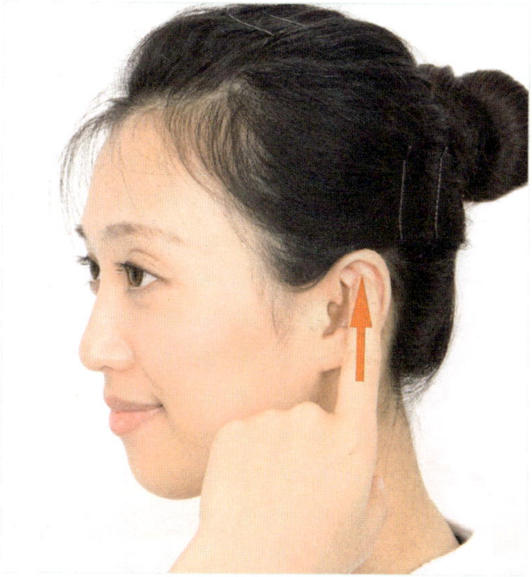

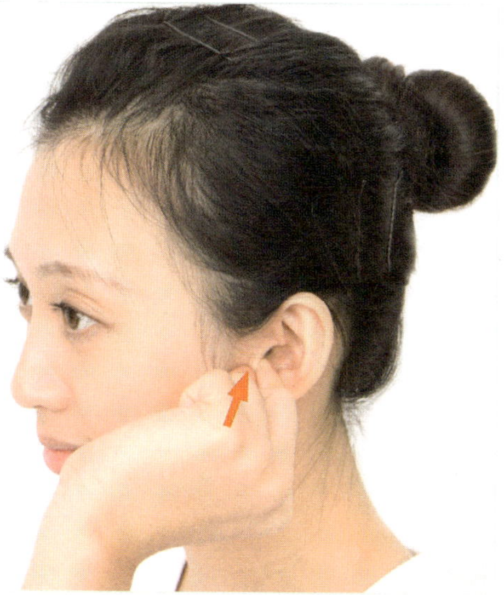

⑵ 耳穴压丸法：取咽喉、皮质下、肺、神门、内分泌，取单侧耳穴，将六神丸贴在耳穴上，并进行按压，以局部出现胀、痛、热、麻感为宜，每日按压5～6次，每次2～3分钟。隔日换贴一次，双耳交替进行，10次为一疗程，疗程间隔5日。

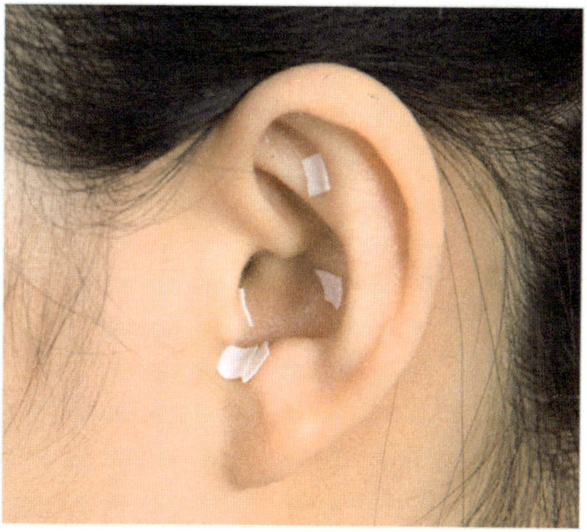

生活小贴士

① 合理饮食，禁烟酒、浓茶，忌食过冷或过热、辛辣刺激性食物，注意食物中的异物（鱼刺等）。

② 生活规律，劳逸结合，心情舒畅，适当运动，预防感冒。

③ 呼吸新鲜空气，用冷水洗澡或擦身。

神经性耳鸣

治疗选用方法

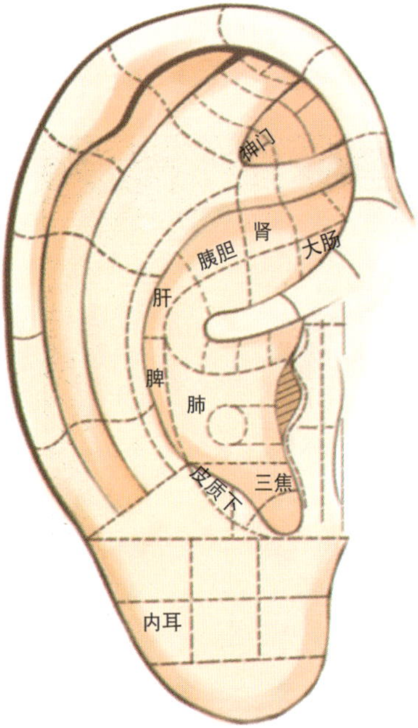

耳穴压丸法：主穴取肾、神门、皮质下、三焦、内耳，痰火郁积加大肠、脾，风邪外袭加肺、大肠，肝火旺盛加肝、胰胆。取单侧耳穴，将王不留行子贴在相应耳穴上，每日自行按压3～5次，每穴每次2～3分钟，2周为一疗程。

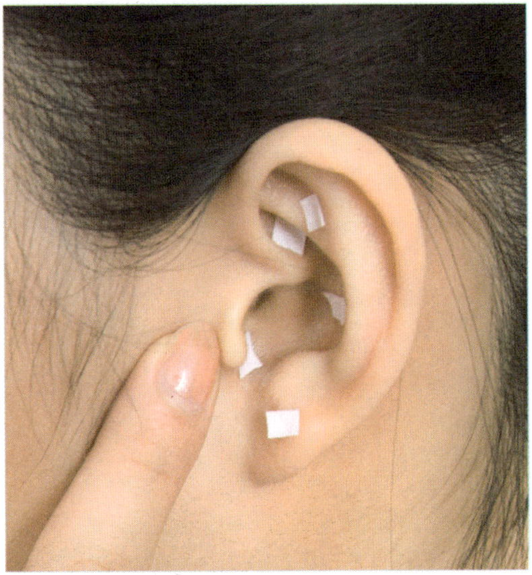

生活小贴士

① 注意休息，保持充足睡眠。

② 尽量避免使用耳机，耳鸣侧耳禁用耳机，接电话使用健侧耳。

③ 尽量不要接触尖锐刺激声音。

④ 忌食辛辣刺激性食物。

头痛

耳穴诊断参考

① 全头痛：额区、颞区、枕区及枕区下方，可见片状隆起（边缘处有红晕）。头痛反应部还可见片状增厚，压之疼痛。

② 头顶痛：枕区及下方有隆起，或出现点、片状红晕（红点）等情形，有时红晕仅出现在点、片状边缘。

③ 偏头痛：在颞区见点、片状红晕，或白色点状等情形（边缘处有红晕）；也可见点状或片状隆起。心区可见有光泽的皱褶。

④ 后头痛：枕区常见点、片状红晕；或变色点、片，边缘有红晕；或片状隆起。

⑤ 枕区、颞区、额区均可见阳性反应。肝胃蕴热型可见毛细血管怒张或呈网状充血反应，风邪侵入型可见边缘不清、有光泽的点状红晕，虚证型通常在枕区出现白色小片状，片状的边缘呈现出红晕。

⑥ 在枕区至额区可扪及小结节，或在耳软骨边缘有发硬、增厚的改变。

⑦ 肝胃蕴热型在肝区、胃区、皮质下区及相应部位可触压到或探及敏感点或压痛点。风邪侵入型在肝区、风溪及相应部位可触压到或探及敏感点，虚证型在肾区、脾区、神门区及相应部位可触压到或探及敏感点或压痛点。

治疗选用方法

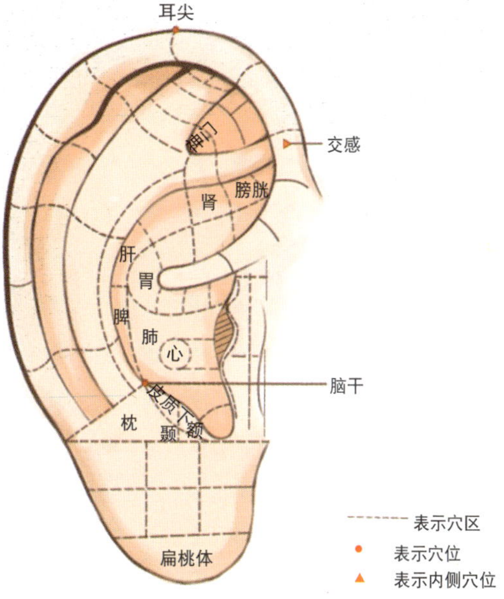

(1) 耳穴压丸法：主穴取神门、皮质下、枕，风寒加肺，风热加扁桃体，肝阳上亢加肝，肾虚加肾、肝，痰浊加脾、胃，气血亏虚加心、脾，前额及两鬓角加额，两侧及偏头痛加肝，巅顶疼痛加颞、肝，枕后疼痛加枕、膀胱。取2～3个主穴和1～2个配穴，将2～3毫米大小的冰片贴在相应耳穴上，每日三餐前及睡前30分钟按压每穴50次。外感头痛取双耳，内伤头痛取单耳，顽固性头痛同时在神门的耳背对应点贴压冰片或王不留行子。

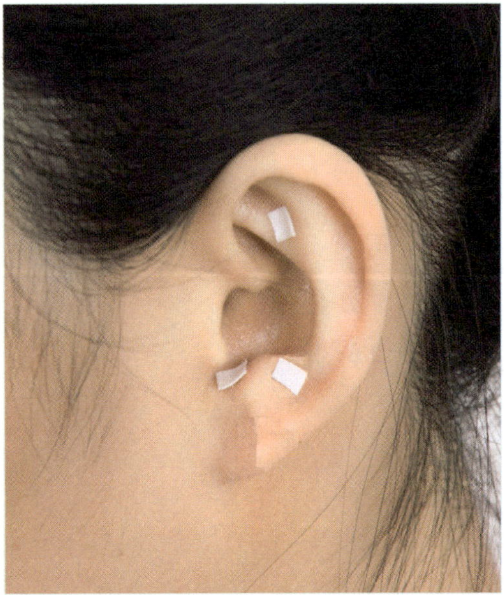

(2) 耳穴按摩法：主穴取颞、皮质下、肝、神门、交感，配穴取枕、心、肾、脑干、耳尖，点按、揉按或捏按各穴位30～50次。每日两次，30天为一疗程。

生活小贴士

① 饮食宜清淡，适当增加维生素和镁等矿物质的摄取，戒烟忌酒。

② 生活规律，劳逸结合，保持高质量睡眠。

③ 避免情绪波动，保持心情舒畅。

④ 注意天气变化，随时增减衣物，适当增加体育锻炼，避免发生感冒，增强体质。

落枕

耳穴诊断参考

① 在颈区、颈椎区可见点状、片状红晕，或白色、边缘有红晕的点状。

② 在颈区、颈椎区可扪及小结节，在颈区、颈椎区、肾区、脾区、神门区、皮质下区、肩区等触压到或探及敏感点。

治疗选用方法

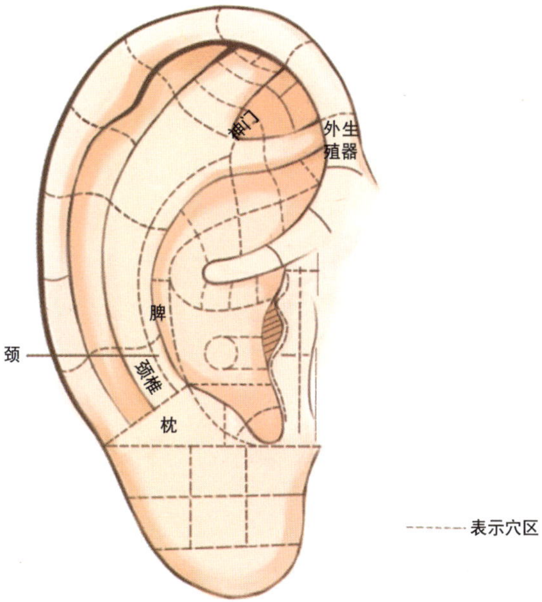

(1) 耳穴按摩法：对颈椎、枕进行重捏轻放，各进行10次，双耳交替进行。点按颈椎、枕2～3分钟，反复3～6次，双耳交替进行。掐脾5～6次，至局部红润，双耳交替进行。轻揉上述穴区各5～6次，持续时间为4分钟，双耳交替进行。

(2) 耳穴压丸法或耳穴贴药膏法：主穴取颈（或颈椎）、神门，配穴取外生殖器、枕（在配穴中寻找敏感点）。取双侧耳穴，将王不留行子贴在主穴和敏感点上，施以强刺激压法，同时活动颈部。每日以相同方法按压穴区数次，直至痊愈。

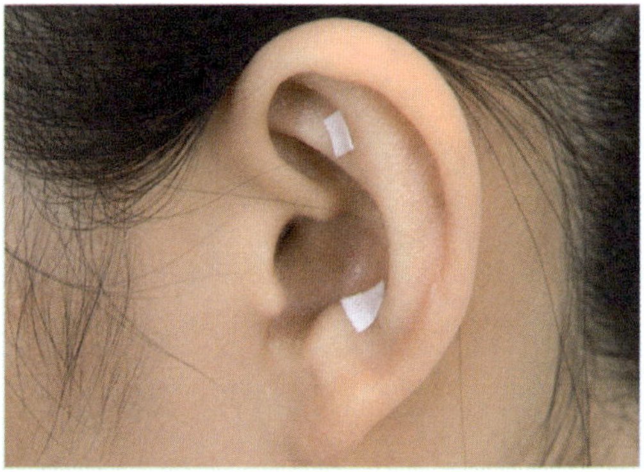

取小茴香、延胡索各10克，浸入100毫升陈醋中，静置3日滤渣，将王不留行子浸在醋液中3日，取出后用归麻止痛膏贴在所选耳穴上，其他步骤同耳穴压丸法。

生活小贴士

① 保持良好睡眠环境，枕头高度一般在8～10厘米为宜，枕芯要软硬舒适。

② 防止颈部受伤，消除颈部慢性劳损并注意局部保暖。

③ 加强锻炼，经常做颈部锻炼。

肩周炎

耳穴诊断参考

① 在肩区可见有光泽的点状或片状红晕；或点状为白色，边缘有红晕；或呈暗红色；或血管呈怒张改变；或呈海星状改变；或呈小结节（条索）状。

② 在肩区可扪及质地较硬的小结节或条索状突起，在肩区、锁骨区、肘区、肾区、肝区、脾区、神门区、皮质下区等可触压到或探及敏感点。

治疗选用方法

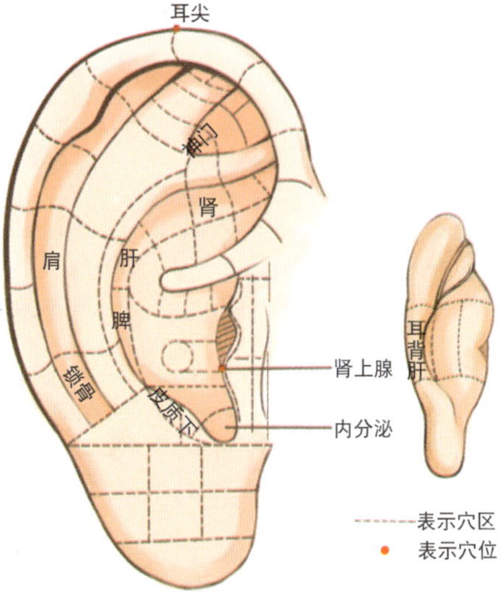

(1) 耳穴按摩法：捏按肩、锁骨、神门、肝、耳背肝各30秒，双耳交替进行。对肩、锁骨进行重按快放，各反复10次，双耳交替进行。点按神门、肝、耳背肝各2～3分钟，反复3～4次，双耳交替进行。反复搓摩上述穴区各5～6次，持续时间为4分钟，双耳交替进行。

(2) 耳穴压丸法：主穴取肩、神门、肾上腺，配穴选肾、脾、肝、耳尖、皮质下、内分泌（从中寻找敏感点）。取单侧耳穴，将王不留行子贴在主穴和敏感点上，病程短者施以强刺激手法，病程长或体弱者施以中等刺激手法，每日自行按压耳穴4～5次，同时活动肩关节，每隔3～5日换贴对侧耳穴，病程长者10日为一疗程，病程短者以治愈为度。

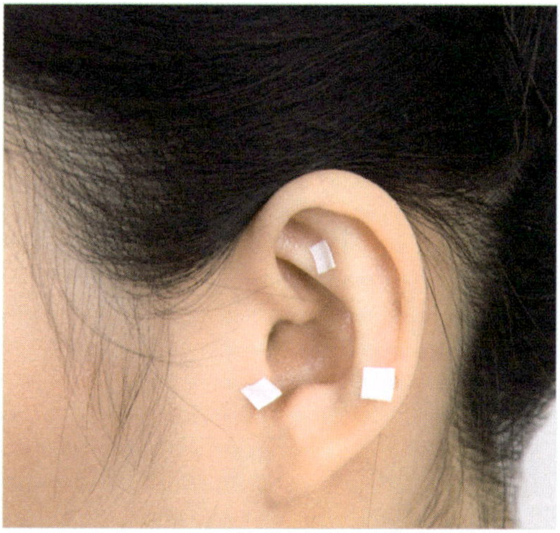

生活小贴士

① 注意防寒保暖，并加强肩关节功能锻炼。

② 保持正确站姿、卧姿和坐姿，定时活动肩关节。

颈椎病

耳穴诊断参考

① 颈椎病初期，颈椎区常见稍隆起结节。颈椎骨质增生明显者，在颈椎区可见明显隆起结节。骨质增生偏生于一侧颈椎者，颈椎区隆起结节呈一侧性隆起。骨质增生局限于其中1～2个节段者，颈椎区隆起结节只见局限性隆起。

② 在颈椎区可扪及小结节，触压到或探及敏感点。

治疗选用方法

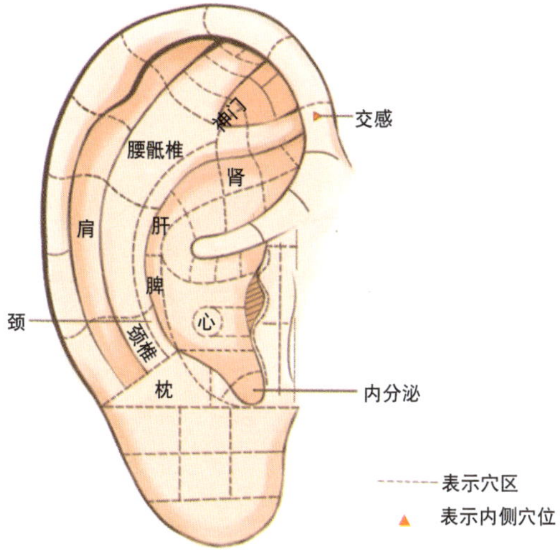

(1) 耳穴按摩法：对颈椎、枕进行重捏轻放，手不离皮肤，各反复10次，双耳交替进行。点按神门2～3分钟，反复3～4次。掐内分泌、脾至局部皮肤红润，双耳交替进行。轻揉上述穴区各5～6次，持续时间为4分钟，双耳交替进行。

(2) 耳穴压丸法：主穴取肝、肾、颈，疼痛剧烈加神门、交感，沉困无力加脾，后头痛加枕，背部困痛加腰骶椎，肩部冷痛加肩，帮助复位加交感、心。每次取单侧耳穴，将王不留行子贴在压痛点最敏感处，每日自行按压5次，每穴每次各6分钟，隔日换贴对侧耳穴。

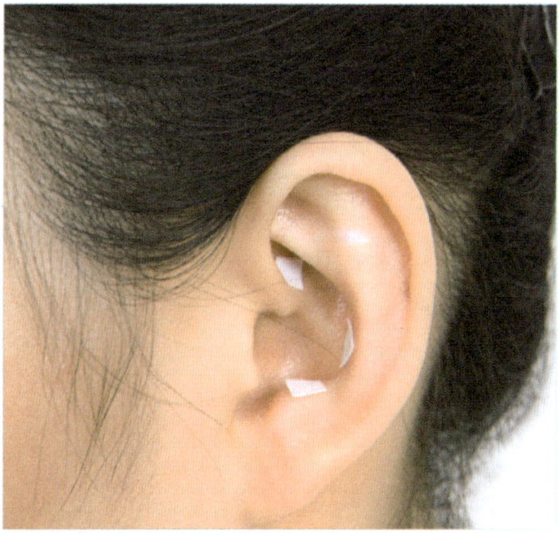

生活小贴士

见“落枕”相关内容。

腰肌劳损

耳穴诊断参考

① 腰骶椎区及其周围常可见红色片状或紫红色斑点，红色表示新伤、瘀血未成或刚刚形成，紫红色表示陈旧伤。片状或斑点的大小与腰痛范围呈正比。

② 在腰骶椎区可扪及质地柔软的小结节或隆起，在腰骶椎区、肝区、肾区、神门区、皮质下区可触及或探及到敏感点。

治疗选用方法

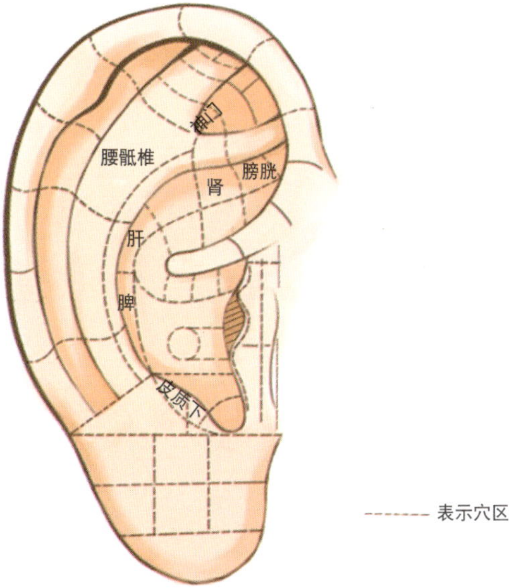

(1) 耳穴压丸法：主穴取腰骶椎、神门、皮质下，配穴取肝、肾、脾，每次取单侧耳穴，将王不留行子贴在耳穴上，施以轻柔手法，每隔2～3日换贴对侧耳穴。10次为一疗程，疗程间隔7～10日。

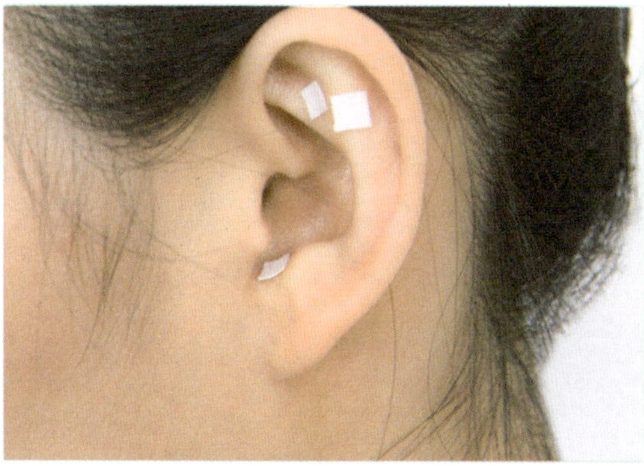

(2) 耳穴按摩法：逐渐用力按压神门、腰骶椎、皮质下、肾、膀胱至局部发热，最好热感能放射至腰部。按揉腰骶椎、神门、皮质下各2分钟，双耳交替进行。以中等力度点按肾、膀胱各2分钟，双耳交替进行。轻揉上述穴区各2分钟，至局部出现酸、胀感，双耳交替进行。

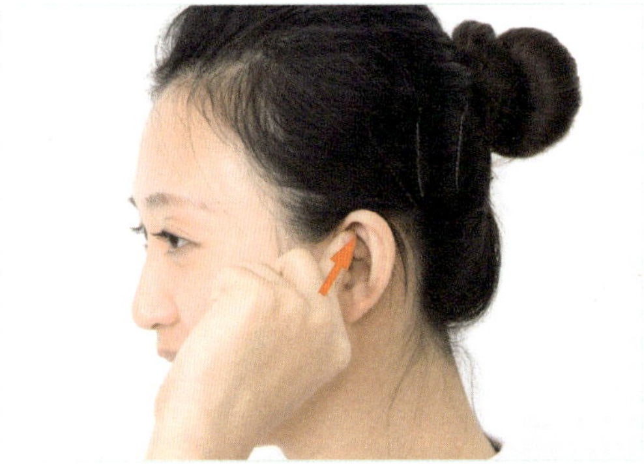

也可用力掐腰骶椎区的敏感点，以可耐受为度，同时做转腰动作，并在最痛点加大按摩力度，越过最痛姿势后可减小对耳穴的力度。按摩3～10分钟后，休息片刻。双耳交替进行，如此反复1～2次。

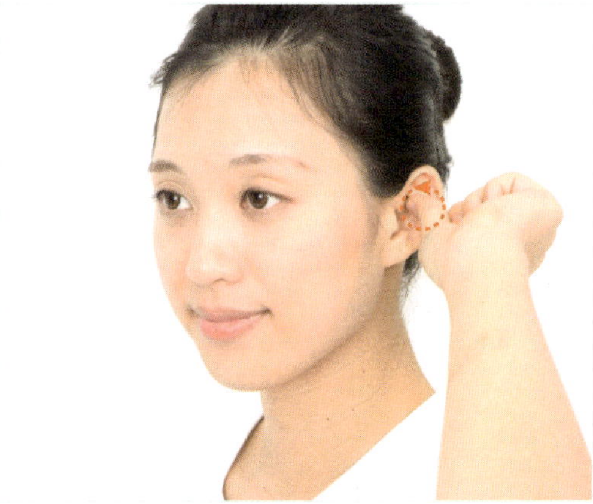

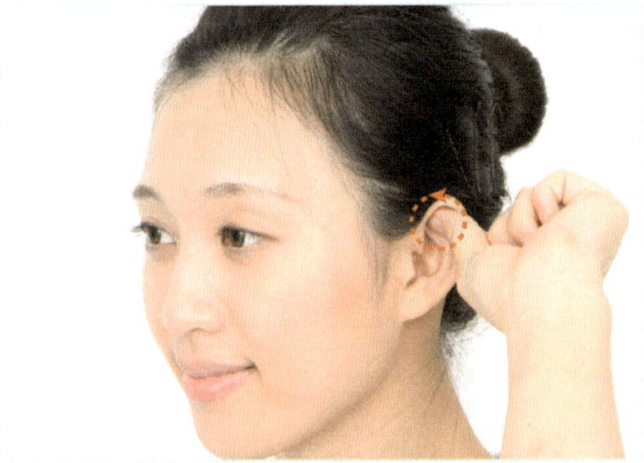

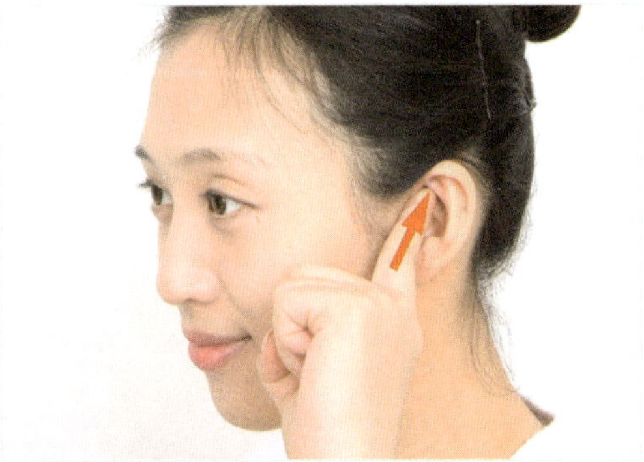

生活小贴士

① 加强锻炼，特别是常年以坐姿为主的人更应加强腰背部肌肉的锻炼。

② 避免弯腰加重负担，拿重物时身体尽可能靠近物体，不宜勉强。

③ 睡姿应保持脊柱的适当弯曲，日常避免潮湿、受寒。

慢性腹泻

耳穴诊断参考

① 在大肠区、小肠区可见阳性反应，如暗红色点状或片状物、丘疹，病程较长者则可见或扪及凹陷改变。

② 在大肠区、小肠区、脾区、胃区、艇中、直肠区等触压或探及到敏感点，如慢性腹泻是由于过敏引起的，在风溪区能触压或探及到敏感点。

治疗选用方法

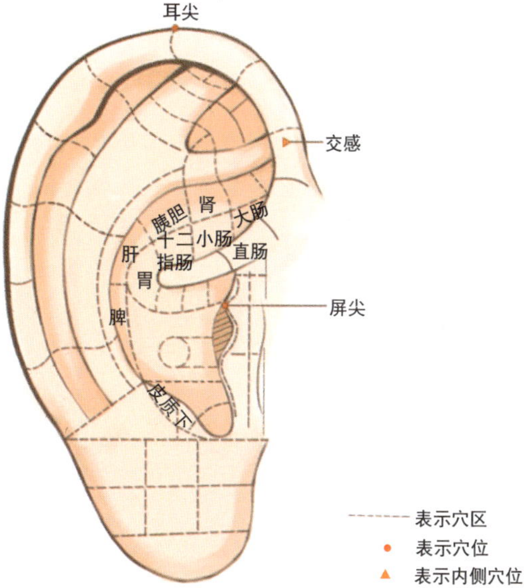

(1) 耳穴压丸法：体质较弱者或慢性肠炎宜使用本法，主穴取大肠、直肠、脾、交感，发热加耳尖、屏尖，脾肾阳虚加肾，肝郁气滞加肝，呕吐加皮质下，用王不留行子贴压单侧耳穴2～3日，除去后换另一侧，每日自行按压耳穴3～4次，每次10分钟，10次为一疗程。

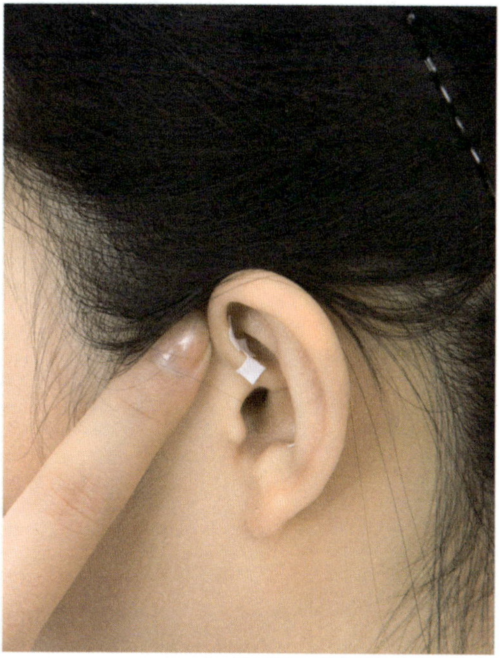

(2) 耳穴按摩法：双手由上至下轻揉耳郭5～6次。点按小肠、直肠各10次，双耳交替进行。点按胃、脾、肝、胰胆、十二指肠各2～3分钟，双耳交替进行。缓慢用力点按神门，至局部红润。用拇指和示（食）指按由上至下顺序，先由轻到重，再由重到轻，有渗透力地按摩上述穴区5～6次，双耳交替进行。

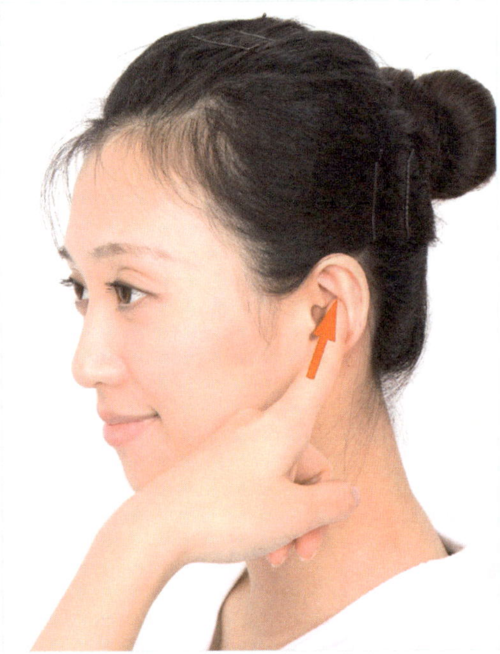

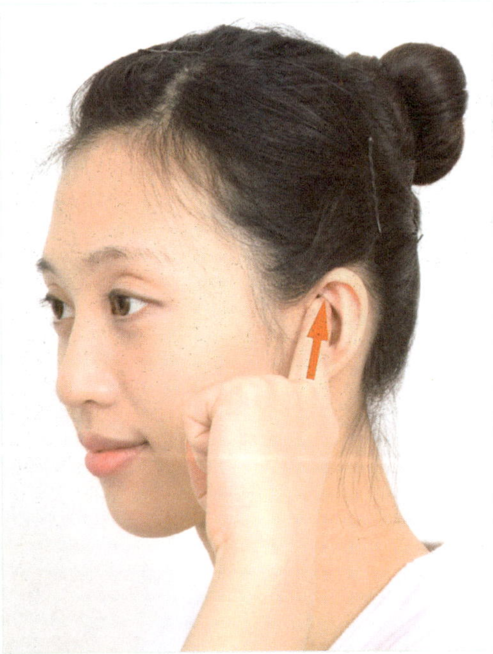

生活小贴士

① 治疗期间严格控制饮食，忌生冷、油腻、刺激性及易引起腹泻的食物，适当食用便于消化、健脾止泻的食物，平日注意饮食卫生。

② 心情舒畅，生活规律，适当锻炼，增强体质，避免腹部受凉。

坐骨神经痛

耳穴诊断参考

① 一般情况下，在坐骨神经区可见白色点状或小片状，边缘有红晕；或丘疹，丘疹边缘有暗红色。疼痛严重者，在坐骨神经区可见点状或小片状有光泽的红晕。有时在臀区也可见上述阳性反应。

② 在坐骨神经区、臀区等皮下可扪及条索状物或凹凸不平，在坐骨神经区、臀区、髋区、膝区、踝区、神门区、皮质下区、肝区等可触压到或探及敏感点。

治疗选用方法

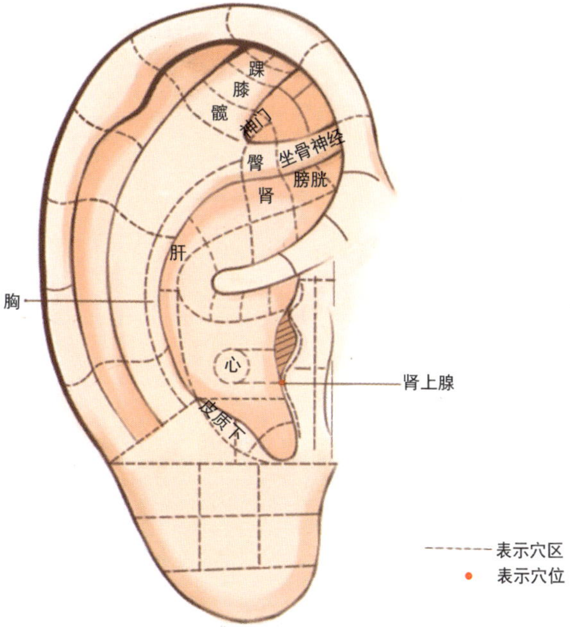

(1) 耳穴压丸法：主穴取坐骨神经、神门、肝，配穴取膀胱、臀、髋、膝、踝、皮质下、肾，取单侧耳穴，在坐骨神经和配穴中寻找敏感点后，将药丸贴在相应位置，采用重刺激捏按手法，然后贴压神门、肝，每日自行按压3～4次，隔日换贴对侧耳穴，10次为一疗程。

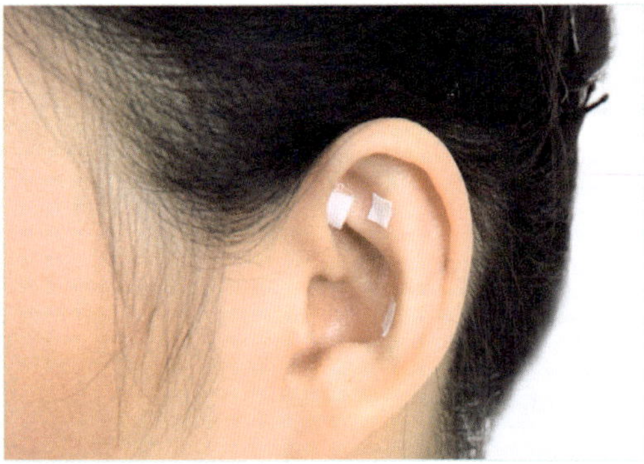

⑵ 耳穴按摩法：由下至上轻揉双耳耳郭3～6次。点揉臀、髋、膝、踝、心、皮质下各10次，双耳交替进行。向上重提向外轻拉胸、肾上腺2～3分钟，双耳交替进行。点按神门2～3分钟，双耳交替进行。轻揉上述穴区（或穴位）各5～10次，力度由轻至重，双耳交替进行。

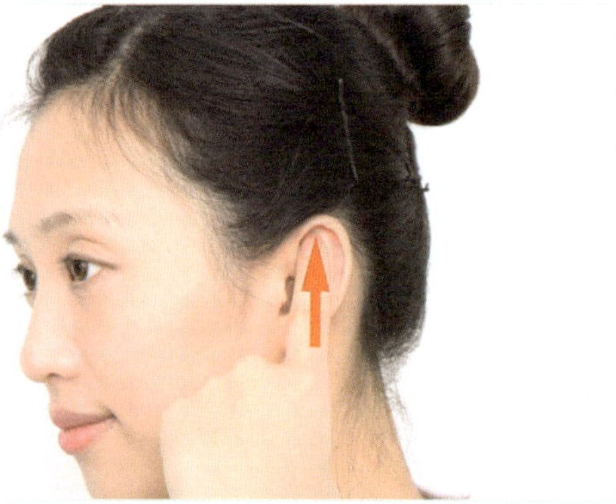

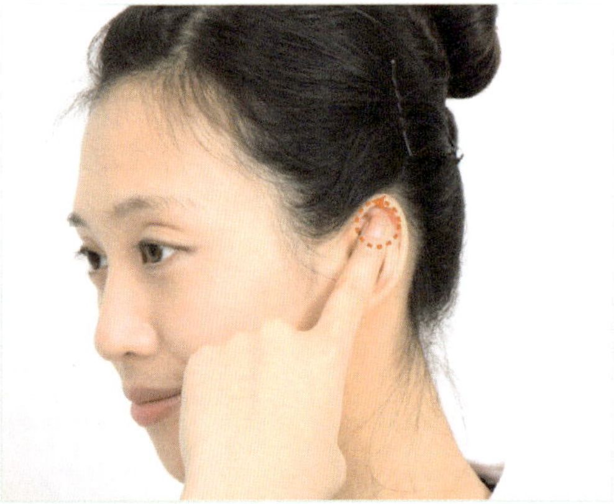

生活小贴士

① 急性发作期间，应卧床休息或避免抬（上举）重物。

② 防潮保暖，防止细菌及病毒感染。

③ 并加强腰部锻炼，要注意劳逸结合。

④ 饮食有节，戒烟戒酒，增强体质。

肋间神经痛

耳穴诊断参考

① 在胸区、胸椎区可见点、片状红晕，或毛细血管充盈。随着疼痛减轻，红色可能逐渐变为暗灰色。

② 部分患者可在胸区、胸椎区扪及条索状反应物。

③ 在胸区、胸椎区、神门区、肝区可触压到或探及敏感点。

治疗选用方法

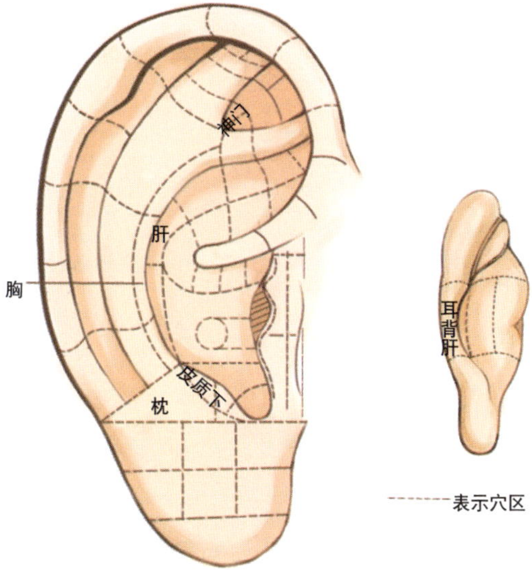

(1) 耳穴按摩法：以重度手法捏胸、耳背肝、肝、神门1～2分钟，加入揉法，再持续1～2分钟，双耳交替进行。对耳背肝、神门进行重捏轻放，手不离皮肤，各重复10次，双耳交替进行。以中重度手法点按肝、胸各2～3分钟，反复3～4次，双耳交替进行。轻揉上述穴区各5～6次，持续时间为3分钟，双耳交替进行。

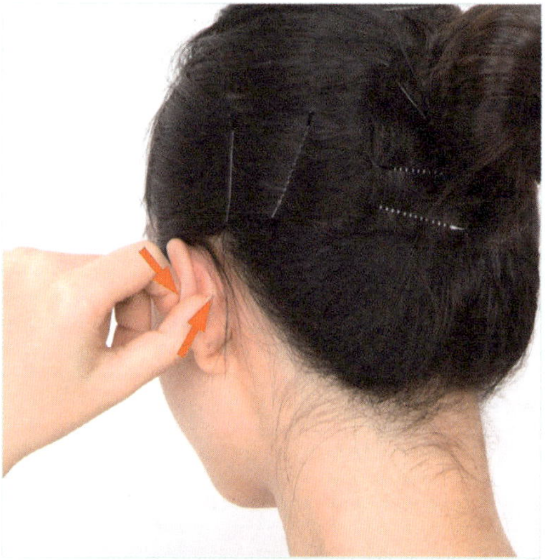

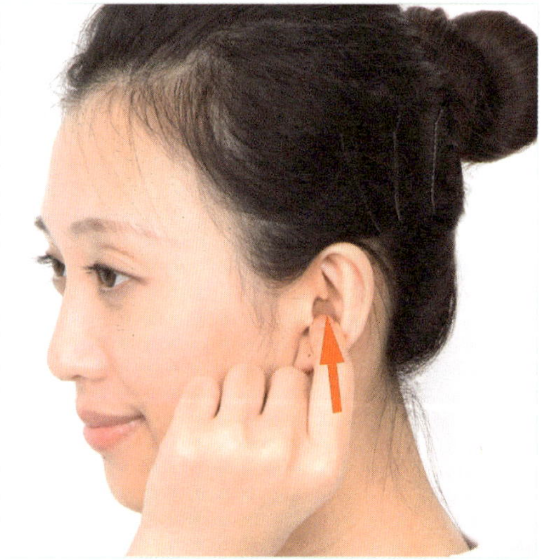

(2) 耳穴压丸法：主穴取胸、肝、神门，配穴取枕、皮质下。先取单侧穴位，在胸区找到敏感点，贴上药丸，施以强刺激手法，由轻至重按压耳穴，同时深呼吸或咳嗽，直至疼痛感明显减轻或消失。再以相同手法贴压肝、神门、皮质下、枕。每日按压耳穴3～4次，每穴每次按至疼痛减轻或消失，隔日换贴对侧耳穴，6次为一疗程。

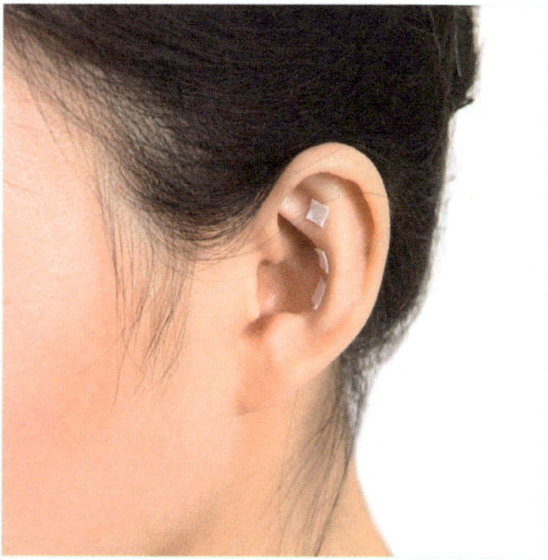

生活小贴士

① 劳逸结合，避免过度疲劳。

② 保持情绪稳定，避免情绪波动、郁闷生气。

③ 饮食宜清淡，少吃辛辣等温燥、刺激性食物。

神经衰弱

耳穴诊断参考

① 在心区可见圆形皱褶，枕区垂前区或肾区出现白色点状或片。

② 在枕区、颞区、额区可扪及条索状反应物，耳屏边缘可扪及增生软骨。

③ 在心区、内分泌区、内生殖器区、肝区、肾区、枕区等可触压到或探及敏感点。随着症状不同，还可触压到或探及相应的敏感点。

治疗选用方法

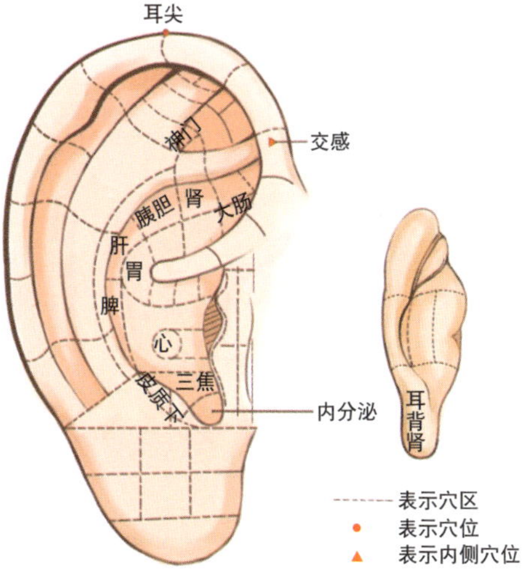

(1) 耳穴按摩法：按揉心、神门、耳背肾、肝各1～2分钟，并由上至下按揉耳周和耳郭4～5遍，以中重度手法按揉上述穴区10分钟，双耳交替进行。以中度手法点掐心、神门各10次，双耳交替进行。捏按耳背肾5～6分钟，反复3～4次，双耳交替进行。轻揉上述穴区各3～5次，持续7～8分钟，双耳交替进行。

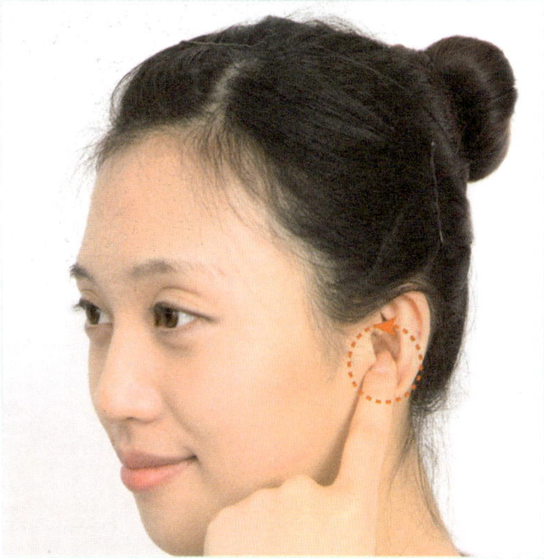

(2) 耳穴压丸法：主穴取耳尖、神门、交感，心肾不交加心、肾、皮质下，心脾两虚加心、脾、内分泌，心虚胆怯加胰胆，肝郁气滞者加肝、大肠，胃失和降加脾、胃、三焦。取单侧耳穴，用香桂活血膏将王不留行子贴压在敏感点上，轻轻按揉至耳郭充血，每日按揉5次，每3天换贴对侧耳穴，10次为一疗程，疗程间隔10天。

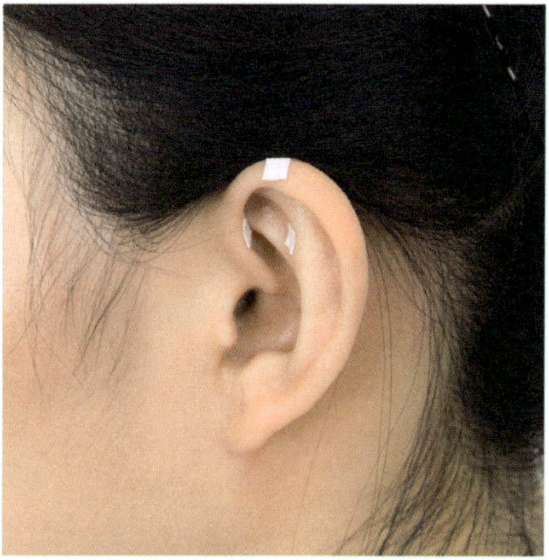

生活小贴士

① 生活规律，劳逸结合，避免过度用脑。

② 不吃辛辣刺激性食物，午后及晚上不饮茶、咖啡，平时少饮茶或咖啡。

③ 保持心情舒畅，避免过度紧张，不郁闷生气。

④ 适当参加体力劳动和活动，放松身心。

更年期综合征

耳穴诊断参考

(1) 腹区毛细血管浮越而显现，内生殖器区或附近区域可扪及小结节等增生物，在肾区、内生殖器区、内分泌区可见暗红色皱褶。

(2) 在内分泌区、内生殖器区可扪及小结节、隆起，质软或凹陷不平。

(3) 在内生殖器区、内分泌区、艇角区、交感区可触压到敏感点。

治疗选用方法

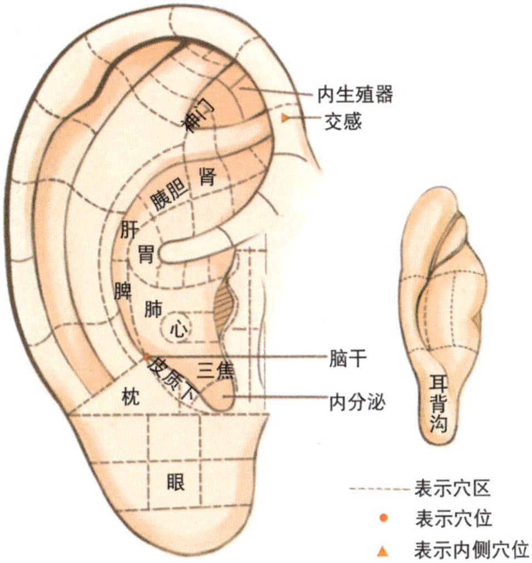

耳穴压丸法：主穴取内生殖器、内分泌、皮质下、神门、交感、肾、枕，心肾不交加心、肝、胃，肾阴亏虚加肺、脑干，肾阳亏虚加脾，肝气郁结加耳背肾、胰胆、三焦，肝肾阴虚加肝、眼。取单侧耳穴，将王不留行子贴在相应耳穴上，隔日换贴对侧。每日按压5～7次，每穴每次各3分钟，14日为一疗程，疗程间隔5日。

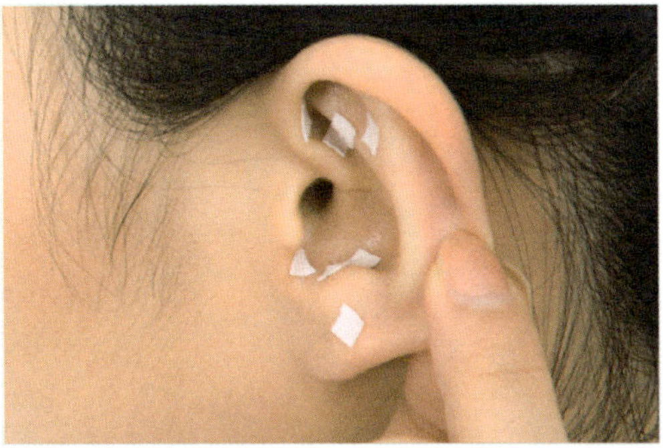

生活小贴士

① 加强精神疏导与情绪调节，保持乐观豁达的心态。

② 生活起居规律，劳逸结合，保持充足睡眠，增强身体素质。

③ 饮食清淡而有营养，少吃辛辣刺激性食物，戒烟戒酒。

原发性高血压

耳穴诊断参考

① 耳垂部圆厚肥大，并出现皱褶纹。

② 在心区触及到轻微不平，或在肝区触及到质地较硬的小块隆起。

③ 在心区、肝区、肾区、枕区、耳背沟等触压到或探及到敏感点。

治疗选用方法

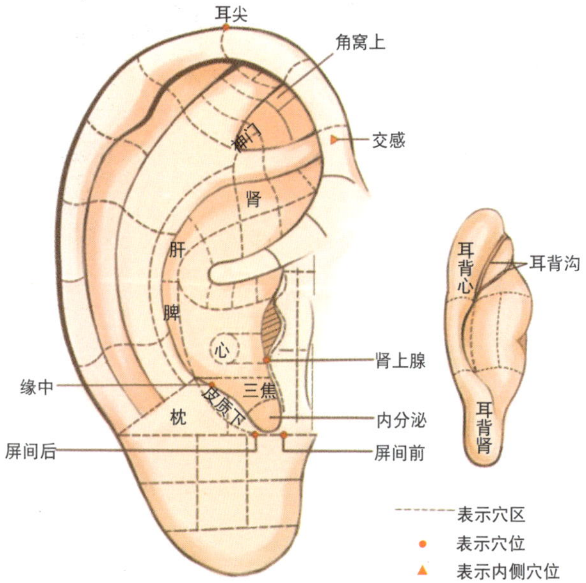

(1) 耳穴压丸法：取耳背心、肝、肾，肝火亢盛型加角窝上、耳背肾，阴虚阳亢型加交感、皮质下，阴阳两虚型加心，痰湿壅盛型加脾、三焦。每次取单侧耳穴，双耳交替进行。将决明子贴在相应耳穴上，每日自行按压3～5次，每穴每次按压数十次，每周更换3次，10次为一疗程，疗程间相隔10～15日。

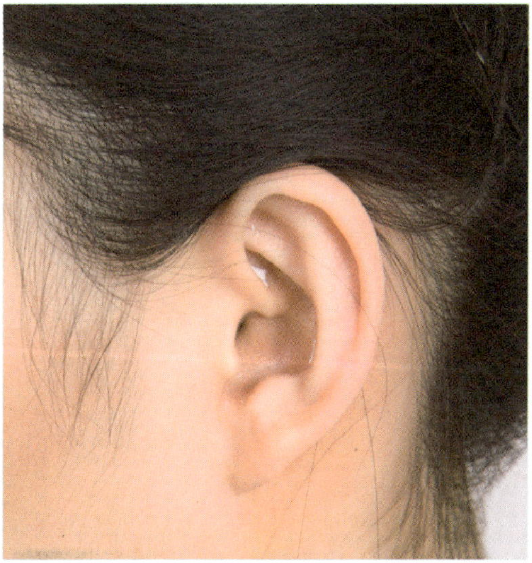

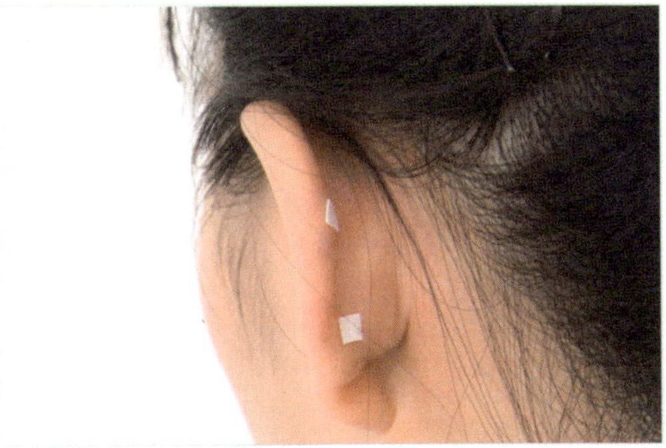

(2) 耳穴贴膏药法：主穴取耳尖、耳背沟，配穴取神门、缘中、心、枕、屏间前或屏间后，由上而下反复按揉耳郭后，将麝香镇痛膏贴在相应耳穴上（也可与压丸法结合，搭配使用王不留行子），连续按压3～5下，每日自行按压3～5次，每次10分钟，隔日更换一次，10次为一疗程，疗程间隔1周左右。

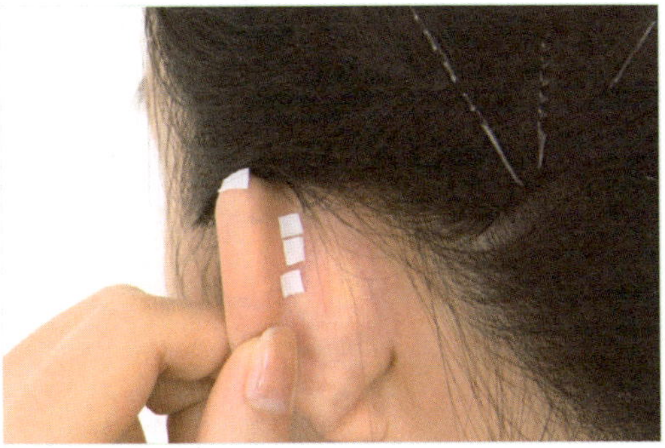

(3) 耳穴按摩法：点掐或点揉肝、肾、心、角窝上、肾上腺、内分泌、神门各10次，双耳交替进行。再用双手拇指自上而下按揉双侧耳背5～10次，双耳交替进行。

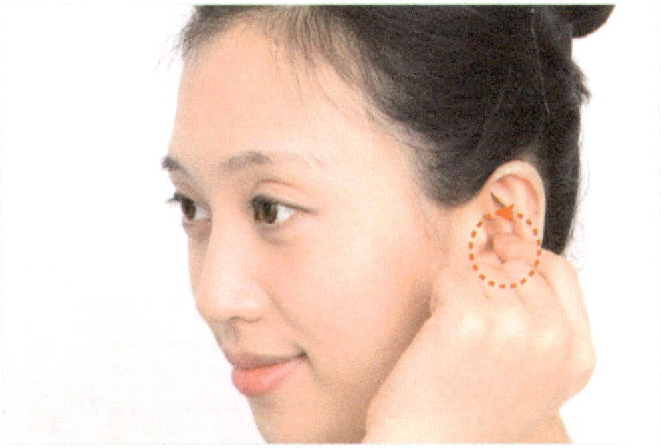

生活小贴士

① 选温度适宜的下午、黄昏或临睡前等时间段，每天散步1～2次，每次15～20分钟。高血压较轻者（除患有冠心病外）：慢跑15～20分钟，每分钟120步，最高心率保持在120～136次/分钟，如果同时患有冠心病，可用骑自行车代替慢跑。

② 饮食宜清淡，拒绝高脂、高糖饮食，限制钠盐的摄入，戒烟忌酒，忌食浓茶、咖啡以及刺激性食物。

③ 保持情绪稳定、愉快，避免精神过度紧张与情绪波动。

④ 生活有规律，起居有常，避免过于劳累，发作期间宜卧床休息。

眩晕

耳穴诊断参考

① 心区或耳垂部可见环状皱褶纹。

② 在心区可触压或探及到敏感点。

治疗选用方法

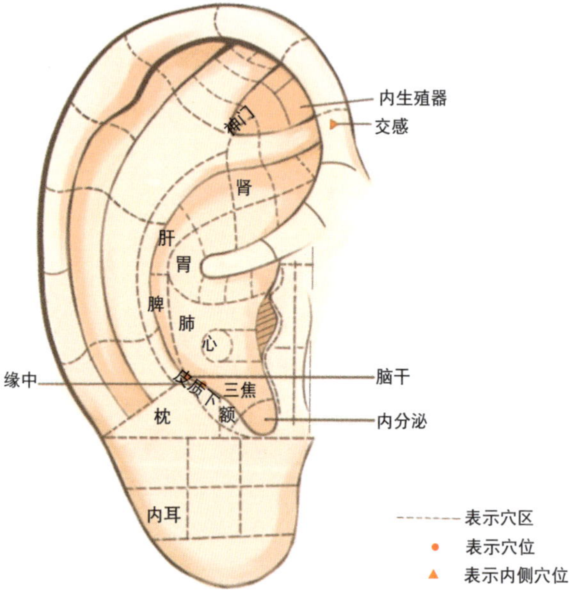

(1) 耳穴压丸法：主穴取内耳、额、枕、缘中、神门、交感，肝阳上亢加心、肝、肾、三焦，气血亏虚加脾、胃、肾，肾精不足加肾、内生殖器、内分泌，痰浊内蕴加肺、脾、肾、皮质下，瘀血阻络加脑干、肾、内分泌、皮质下。用王不留行子贴压相关耳穴，隔日施治1次，3次为一疗程。

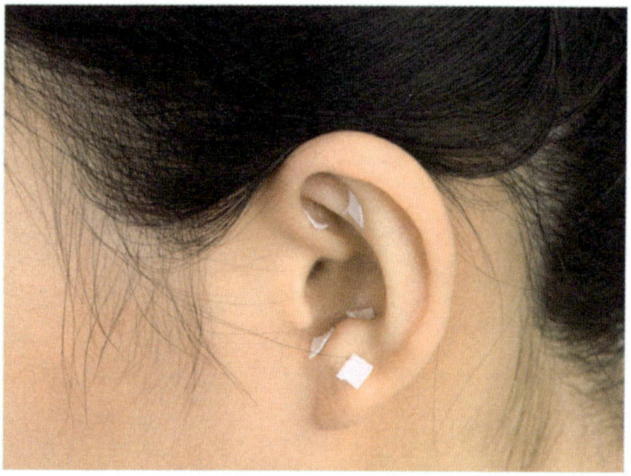

(1) 耳穴按摩法：以重手法依次按揉心、脑干、神门、肝，反复10次，双耳交替进行。对心进行重提轻放10次，双耳交替进行。对脑干、肝进行向上重提向外轻拉，手不离皮肤，各进行5～6分钟，反复3～4次，双耳交替进行。点按神门1～2分钟，反复3～4次，双耳交替进行。轻揉上述穴区（或穴位）各5～6次，持续时间为4～6分钟，双耳交替进行。

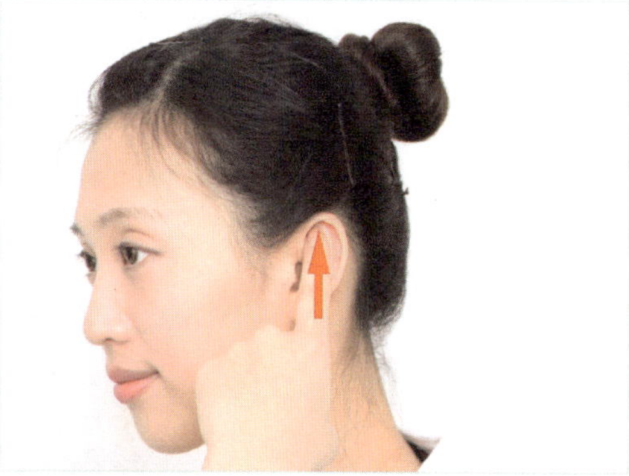

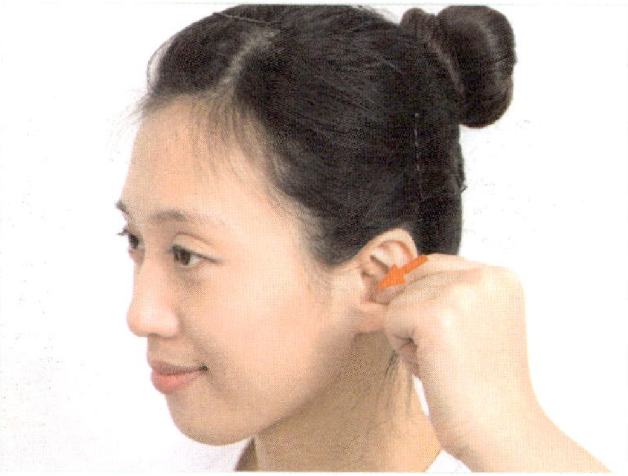

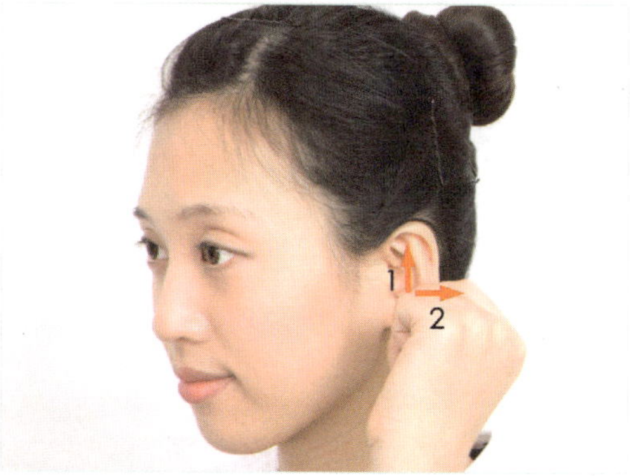

生活小贴士

① 饮食宜清淡而富有营养，以低脂、低盐、低胆固醇饮食为主，不进食烧烤、肥甘以及辛辣、浓咖啡等刺激性食物。

② 保持情绪稳定，不紧张，乐观向上。

③ 积极开展体育活动，如慢跑、散步、打太极拳等，保持充足睡眠。

④ 眩晕发作时要绝对卧床休息，头部不要左右摆动。

⑤ 脑血管性眩晕：多饮水，避免体位突然改变。

⑥ 颈源性眩晕：纠正生活、工作中头颈部常出现的不良姿势，防止颈项部外伤、驾驶员驾车应戴安全带。

隐性冠心病

耳穴诊断参考

①耳垂有不明显皱褶纹，或纹路上下不相沟通（又称隐心沟）。

②在心区触压到或探及到敏感点。

治疗选用方法

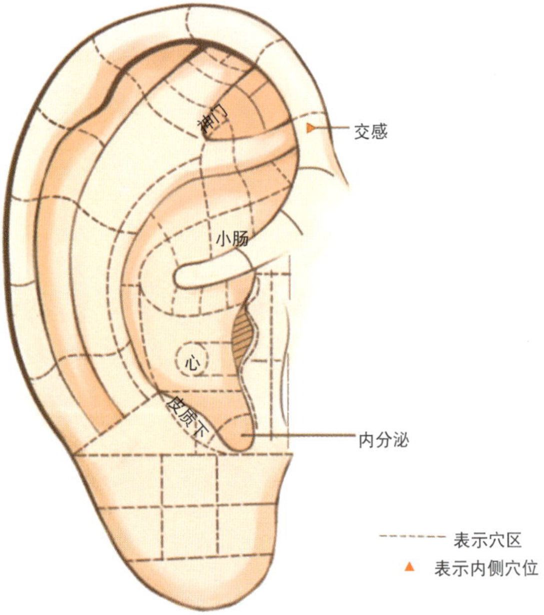

耳穴压丸法：取心、交感、小肠、神门、内分泌、皮质下等穴，每次选3～4穴，将王不留行子贴在相应耳穴上，每日自行按压4～6次，每次每穴按压3～5分钟，按压至局部出现酸痛感觉且本人能耐受为度。每隔2～3天后更换1次，10次为一疗程，疗程间相隔3～5日，一般连用2～3个疗程。

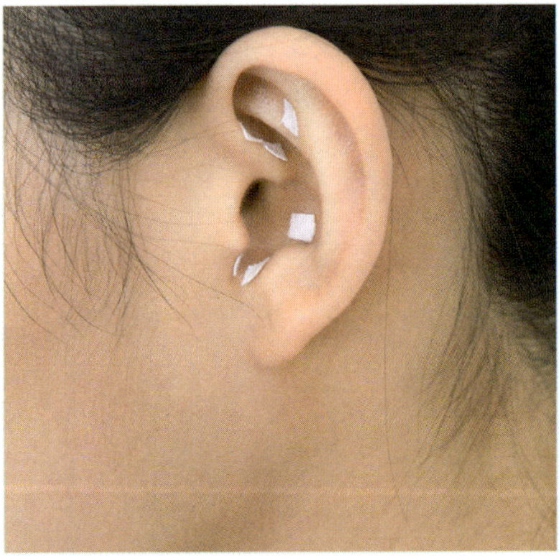

生活小贴士

①定期通过心电图检查身体。

②严格控制体重，劳逸结合，适当增加运动，避免身体超负荷运转。

心律失常

耳穴诊断参考

①心区多见阳性反应，如圆形皱褶，内有白色小点或小片状，也有部分患者的阳性反应呈凹陷或皱褶。

②窦性心动过速：心区或耳垂部常呈龟裂状，症状发作时色泽变为暗红色。

③窦性心动过缓：在心区可见环形皱褶。

④心区可触及到质地稍硬的片状隆起或凹陷（不平）。

⑤在心区、皮质下区、小肠区或神门区、交感、枕区可触压或探及1个或多个敏感点。

治疗选用方法

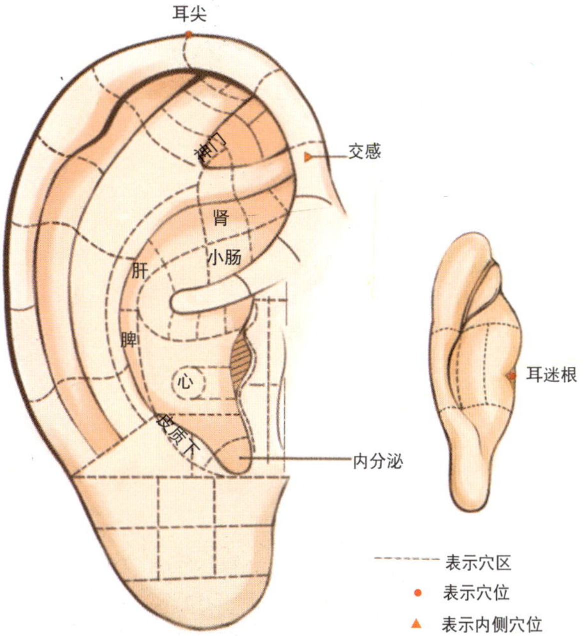

(1) 耳穴按摩法：由上至下轻揉耳郭、耳周5～10次。用中等力度掐神门、心各20次，双耳交替进行。持续捏揉耳尖、内分泌3～5分钟，先由轻到重、再由重到轻揉心、耳尖、内分泌、神门各5～10次，双耳交替进行。

(2) 耳穴施灸法：取心、交感、小肠、神门、皮质下、肾、肝、脾、耳迷根，每次选上述耳穴敏感点3～5处，用线香悬灸相关穴位，每日1次，5～10次为一疗程。

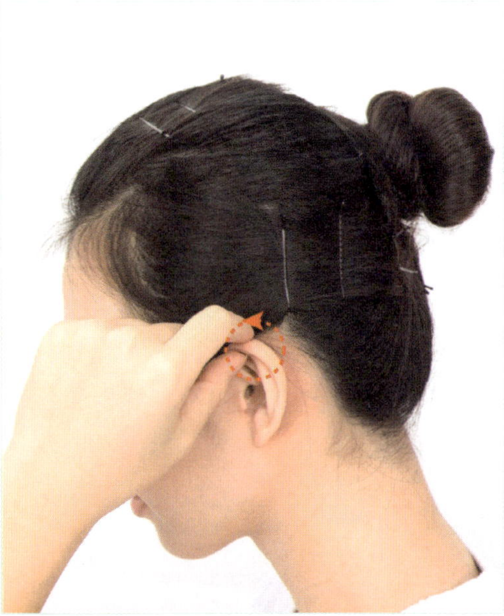

生活小贴士

① 饮食宜清淡、营养丰富，但应限制热量、蛋白质、水、盐的供给，以新鲜蔬菜、时鲜瓜果为主，忌食生冷、肥甘、辛辣及浓茶、咖啡、烟酒等刺激性食物。

② 生活规律，起居有常，睡眠充足，少食多餐，劳逸结合，不过度疲劳。

③ 情绪稳定，精神乐观，避免精神紧张。

心绞痛

耳穴诊断参考

① 心区血管常见海星状、弧状、环状、条段状、点状、片状或蝌蚪状，颜色常为红色、暗红色、暗灰色等，或有圆形、半圆形或点状、条状的红晕。

② 耳垂部可见明显清晰的皱褶纹，又叫冠心沟。

③ 心区触及质地较软的稍隆起，在心区、小肠区、皮质下区或内分泌区触压到或探及到敏感点。

治疗选用方法

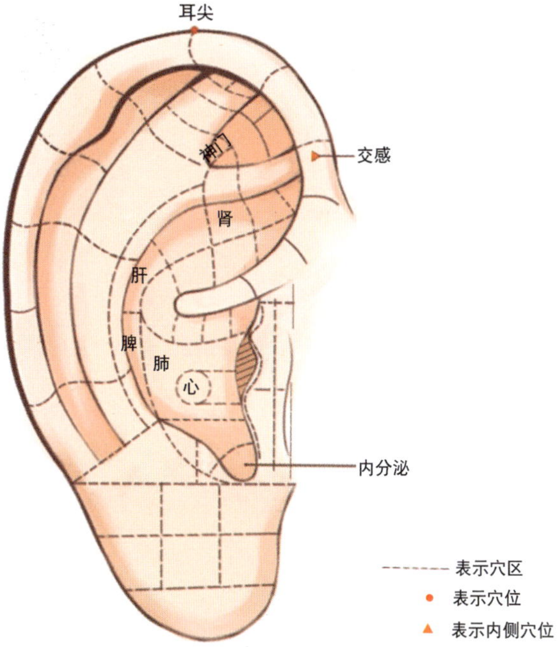

(1) 耳穴压丸法：主穴取心、神门、交感、肾，配穴为肝、脾、肺、内分泌，取单侧耳穴，用器具探及每个耳穴找到敏感点后，将王不留行子贴在相应耳穴上，每日自行按压5～8次，每周贴压2次，双耳交替进行，10次为一疗程。

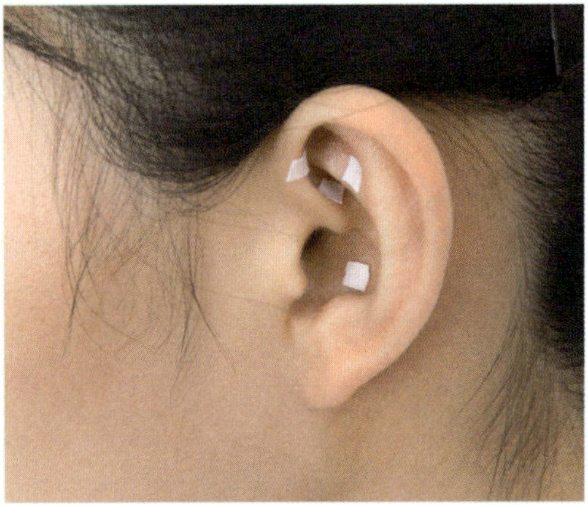

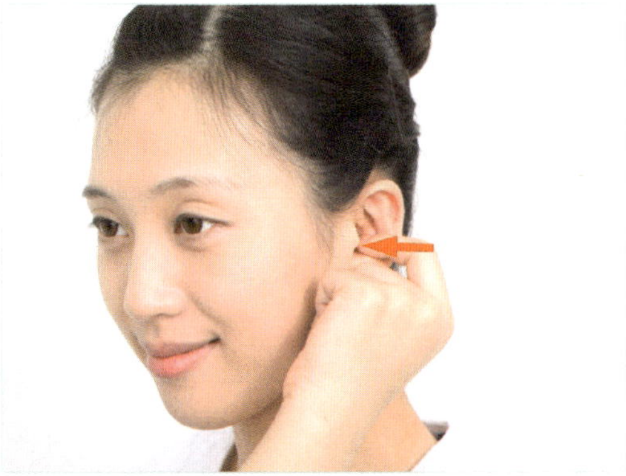

(2) 耳穴按摩法：以中重度手法按揉心、神门、耳尖、内分泌10分钟，双耳交替进行。以中度手法掐心、神门各10次，双耳交替进行。持续捏按耳尖、内分泌5～6分钟，反复3～4次，双耳交替进行。轻揉上述穴区（或穴位）各3～5分钟，持续时间为7～8分钟，双耳交替进行。

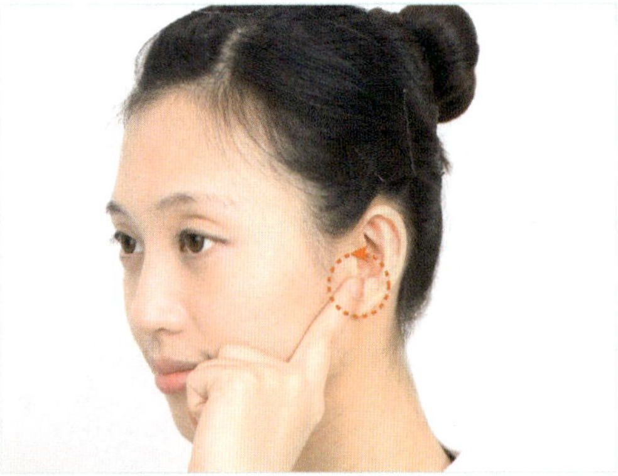

生活小贴士

① 控制盐、脂肪的摄入量，忌食动物内脏、烟酒、刺激性和胀气性食物，多吃富含维生素和膳食纤维及有利改善血管的食物。

② 少食多餐，切忌暴饮暴食。

③ 劳逸结合，进行有规律的适当的体力活动，避免过于劳累或情绪剧烈波动等。

消化性溃疡

耳穴诊断参考

① 胃溃疡：左耳胃区的耳背对应处可见粟粒大小的赘生物，并能在该部位触及到相同大小的小结节和敏感点。

② 十二指肠溃疡：可见红而润或暗红湿润的小片状凹陷，并能在该部位触及小片状凹陷。还可在十二指肠区触压到或探及到敏感点。

治疗选用方法

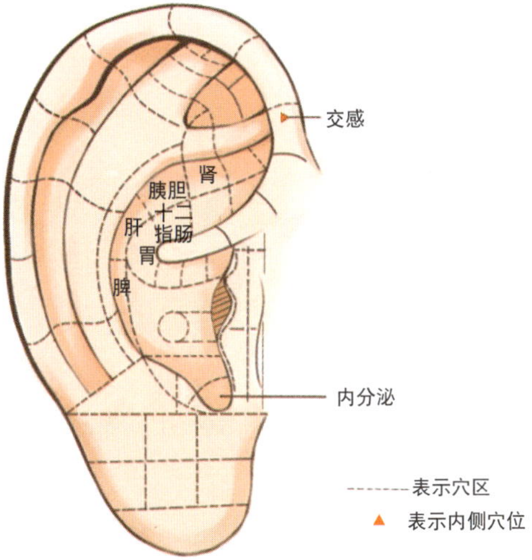

(1) 耳穴按摩法：胃脘疼痛者，主穴取胃，肝气犯胃加肝、胰胆，脾胃虚弱加脾、肾，用手指或器具点按胃1～2分钟，加按的穴位为30秒，剧痛者可酌情延长至3分钟，每天两次，双耳交替进行。

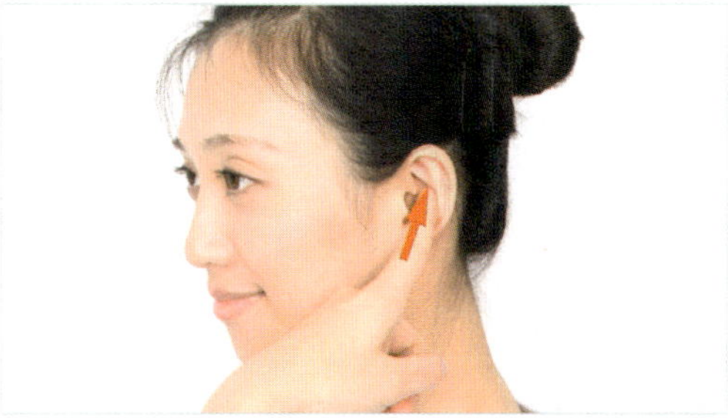

(2) 耳穴压丸法：也可取胃、脾、十二指肠、交感、内分泌，按摩后用王不留行子压耳穴，每次取单侧耳穴，一周后换另一侧耳穴。连续四周为一个疗程。

生活小贴士

① 注意休息，不宜过度疲劳，饭后不宜立刻活动。

② 饮食规律，避免暴饮暴食，忌食生冷、辛辣等刺激性食物。

③ 保持乐观状态和高质量睡眠，避免精神紧张。

④ 加强体育锻炼，戒烟戒酒。

慢性胃炎

耳穴诊断参考

①慢性浅表性胃炎在左耳胃区可触及增生性软骨，隆起面积大小据病程长短而定。有隆起者多为3～5年病程，隆起部位呈半个绿豆大小者多为10年病程，隆起更大者病程多为10年以上。

②慢性萎缩性胃炎在胃区可见白色点或片状隆起，如果急性发作，轻轻拉起耳郭，并用中指将耳背胃区向前顶起，就会见到明显的白色点或片状隆起。

③可在胃区、交感、神门区触压到或探及到敏感点，部分慢性胃炎在胃区可触及质地柔软的小片状突起。

治疗选用方法

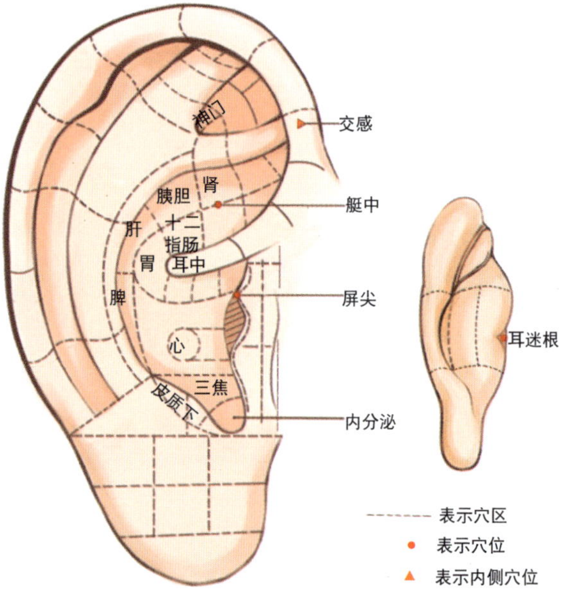

耳穴施灸法：主穴取胃、脾、皮质下、耳中、耳迷根、交感、十二指肠，疼痛加剧加神门，萎缩性胃炎、胆汁反流加胰胆、内分泌，腹胀痛甚、嗳气反酸频繁加肝、艇中、三焦，脾胃虚寒加肾，胃热阴虚加屏尖、三焦，肝气犯胃加肝、胰胆，胃络瘀血加心、肝，疼痛剧烈加神

门。线香施灸时间各为5～10分钟，以局部出现充血红润为度。

生活小贴士

① 均衡饮食，不可偏食或过分忌口，不可暴饮暴食，进食时不可一心多用，不吃过硬、难以消化及辛辣刺激性食物。

② 保持心情舒畅，避免郁闷生气。

③ 注意休息，特别是饭后更要休息一段时间。

肠胃功能紊乱

耳穴诊断参考

① 癔球症在咽喉区，弥漫性食管痉挛在食道区，神经性呕吐在胃区，神经性畏食在脾区，肠道易激惹综合征在大肠区，可见白色点状。

② 在咽喉区、食道区、胃区、脾区或大肠区，以及心区、皮质下区、交感、神门区触压到或探及到敏感点。

治疗选用方法

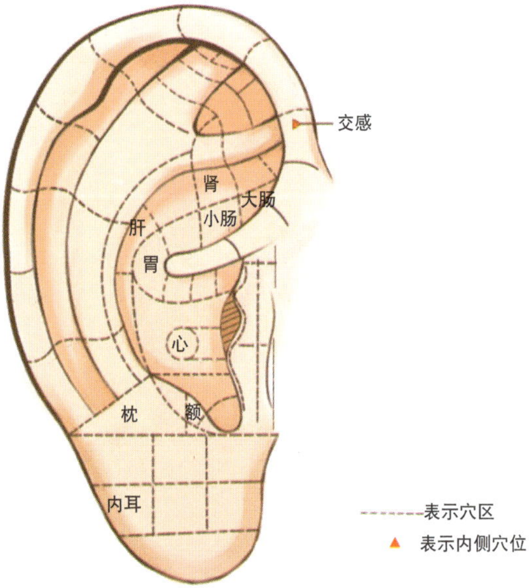

耳穴按摩法：主穴取胃、大肠、小肠、肝、交感，失眠加心、肾，眩晕者加枕、内耳，头痛加额、枕，呃逆加交感、胃。每穴捏揉或按揉1～2分钟。也可取双侧耳穴，用麝香镇痛膏将王不留行子贴在耳穴上，每日自行按压数次，以出现酸、胀感为度。隔日更换一次。

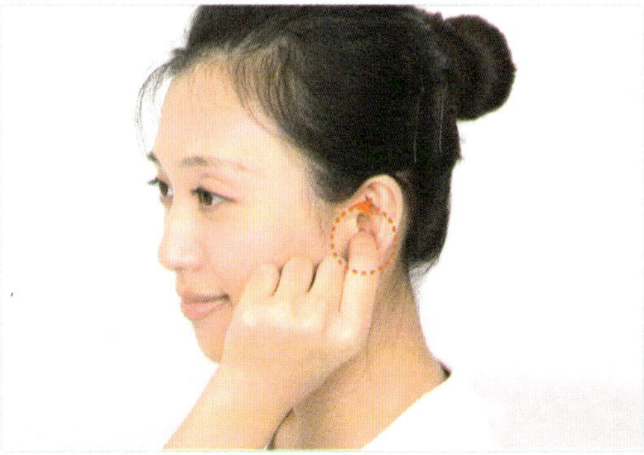

生活小贴士

① 注重精神治疗，消除思想顾虑。

② 饮食应富于营养且易消化，少食多餐，忌食油腻和刺激性食物，禁烟酒。

③ 生活规律，保持心情舒畅，保证高质量睡眠。

④ 适当增加户外运动，增强体质。

脂肪肝

耳穴诊断参考

① 肝区常见片状隆起，部分患者可见结节状突起或其他变形。

② 在肝区可触及到质地柔软的片状隆起或结节状凸起。

③ 在肝区可触压到或探及到敏感点。

治疗选用方法

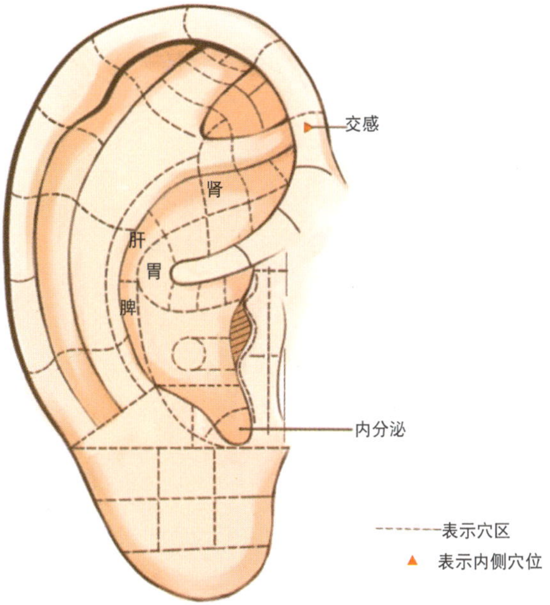

(1) 耳穴压丸法：在双侧肝区贴上王不留行子，每日按压肝区4～6次，每次5～10分钟，至达到最大耐受力为度。每隔2～3日更换王不留行子一次。10次为一疗程，疗程间相隔3～5日。

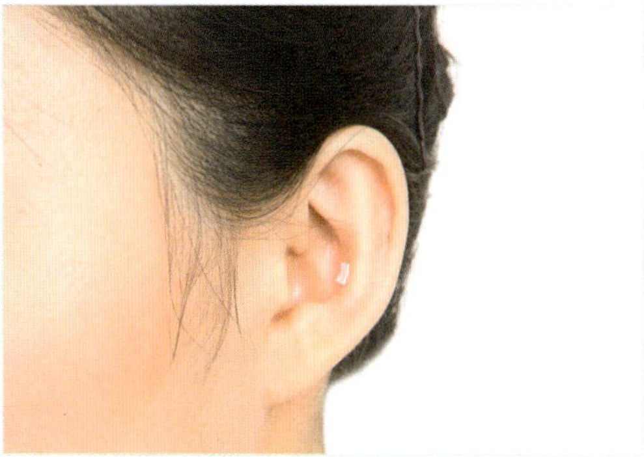

(2) 耳穴按摩法、压丸法：自上而下轻揉耳郭5～6次，至局部红润。点掐肾、胃、脾、肝各10次，再贴压莱菔子后按摩效果更好。对压交感1～2分钟，在可耐受范围内逐渐加力，重复3～6次。点按内分泌10次，至局部发热。反复轻揉上述穴区3～6次，力度由轻至重，双耳交替进行。

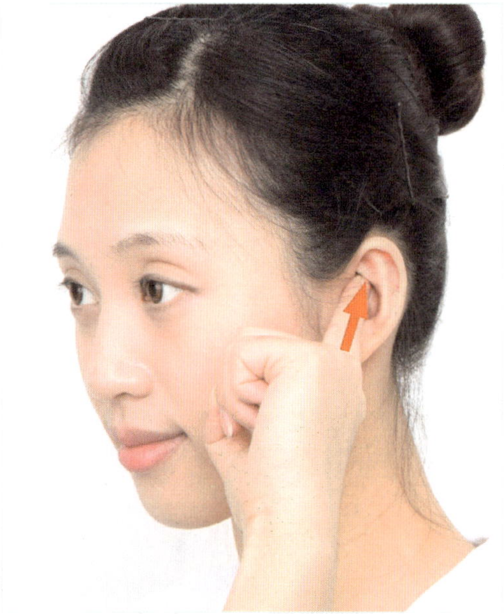

生活小贴士

①饮食宜清淡，注意搭配，以低脂为主，多吃蔬菜瓜果和粗纤维食物，节制饮酒，切勿过分节食。

②劳逸结合，放松精神，注意休息，看书读报、看电视时间切勿过长。

③适当进行有氧锻炼，如慢跑、快走、骑自行车等。

肝硬化

耳穴诊断参考

① 肝区可见结节状隆起，边缘处常呈暗红色，且界限较为清晰；或肝阳可见结节状隆起或红点、红斑。部分人在肝区和肝阳均可见结节状隆起。

② 在肝区和肝阳可扪及质地较硬的结节状隆起，隆起硬度与肝硬化程度呈正比。

③ 在肝区、肝阳可触压到或探及到敏感点。

治疗选用方法

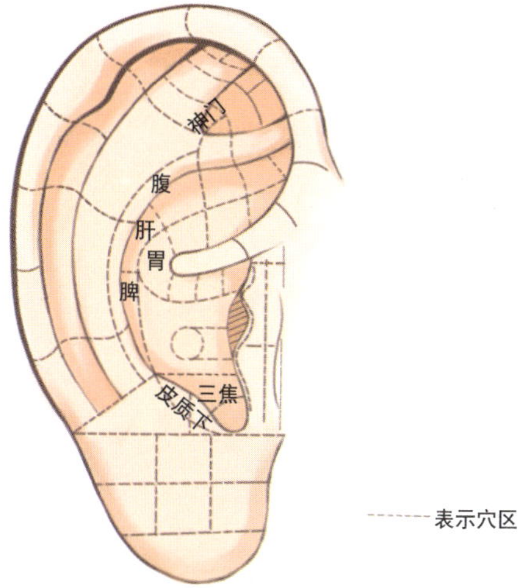

耳穴压丸法、贴药膏法：取肝、脾、胃、腹、皮质下、神门、三焦等，每次取3～4个单侧耳穴，处于缓解期者用麝香镇痛膏将王不留行子贴在相应耳穴上，每日按压3～5次，每穴每次按压3～5分钟，以最大耐受力为度。隔2～3日换贴对侧耳穴，10日为一疗程。

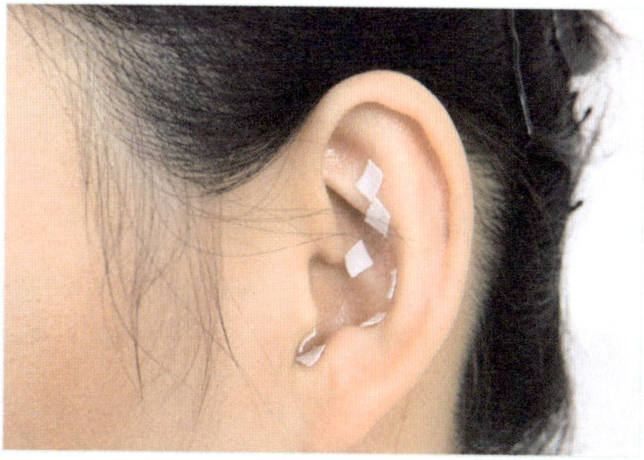

生活小贴士

① 营养充足且易于消化，补充不饱和脂肪酸、蛋白质。低盐饮食，戒烟忌酒，多吃蔬菜瓜果，忌食辛辣刺激性食物、发物及坚硬粗糙的食物。

② 生活有规律，劳逸结合，保持乐观状态，适当卧床休养。

慢性胆囊炎

耳穴诊断参考

① 在胰胆区对应的耳背部常见点、片状有光泽的充血或红晕。

② 在胰胆区可见一条充盈扩张的毛细血管。

③ 病程在10年以上的患者，在胰胆区还可见粟米大小的结节，有时还可见黄豆或绿豆粒大小的软骨组织增生。

④ 在胰胆区有增厚感且质地柔软，胰胆区、肝区、脾区等可触压到或探及到敏感点。

治疗选用方法

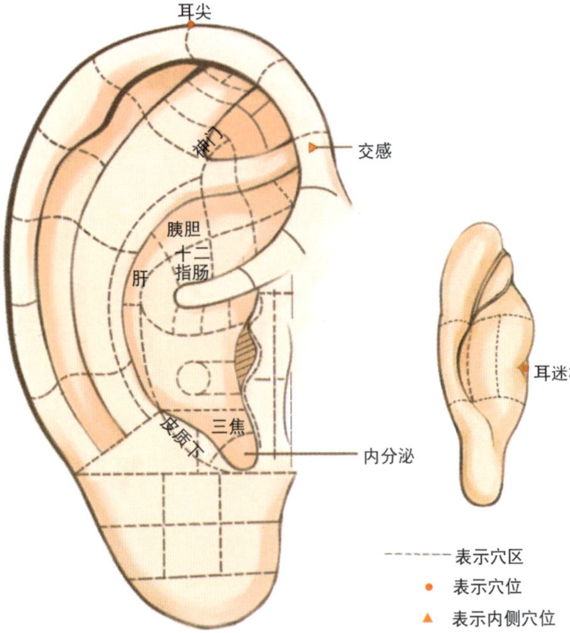

(1) 耳穴压丸法：取肝、胰胆、交感、神门、耳尖、耳迷根、三焦、十二指肠，每次选取5～7个穴，采用王不留行子贴压耳穴，每次取单侧耳穴，两耳交替进行，每日自行按压耳穴数次。每3～5天更换一次，10次为一疗程。

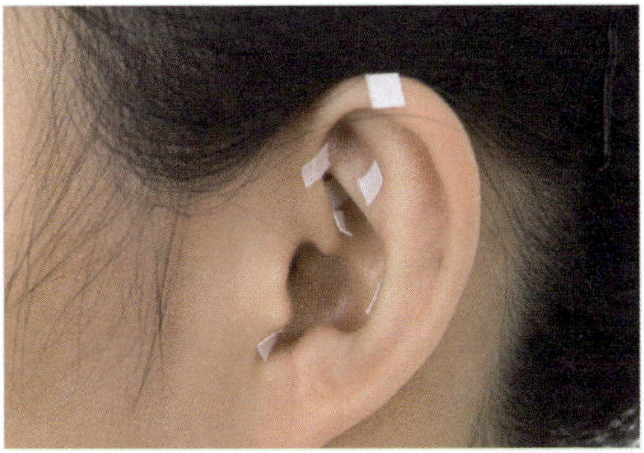

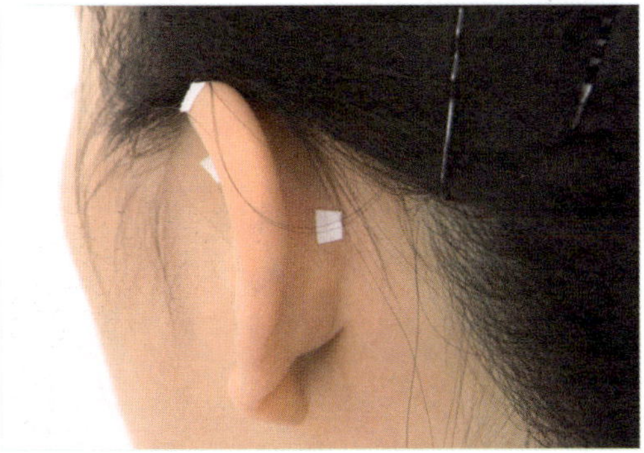

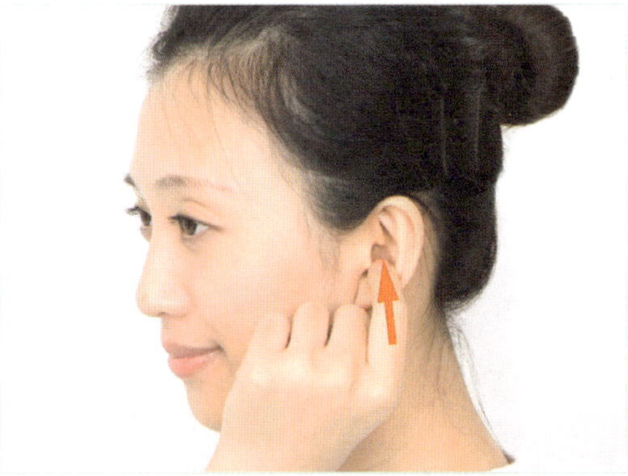

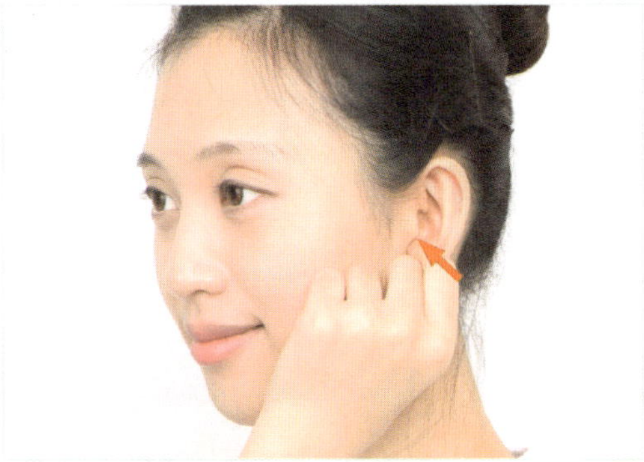

(2) 耳穴按摩法：轻揉耳郭，点按肝、胰胆各3～5分钟，点按的同时可轻轻按揉，用力由轻至重，双耳交替进行。重捏快松按摩胰胆10次，以耐受力为度，双耳交替进行。捏按耳尖、内分泌、皮质下各2～3分钟，双耳交替进行。最后按揉以上双耳各穴区（或穴位）5～10次。

生活小贴士

① 如遇急性发作，应卧床休息，禁食。

② 饮食宜清淡、易消化，保证充足水分，适当食用低脂、高蛋白食物，忌食高脂、油腻、刺激性食物，少吃肉类、蛋黄和鱼子等食物。

③ 生活起居有规律，劳逸结合，保持高质量睡眠，寒冷季节注意保暖。

糖尿病

耳穴诊断参考

(1) 症状期：内分泌区、胰胆区可见红色斑点或片状斑点，颜色越红提示病情越严重。

(2) 无症状期：在胰胆区、内分泌区可见颜色稍白的肿胀，质感柔软。

治疗选用方法

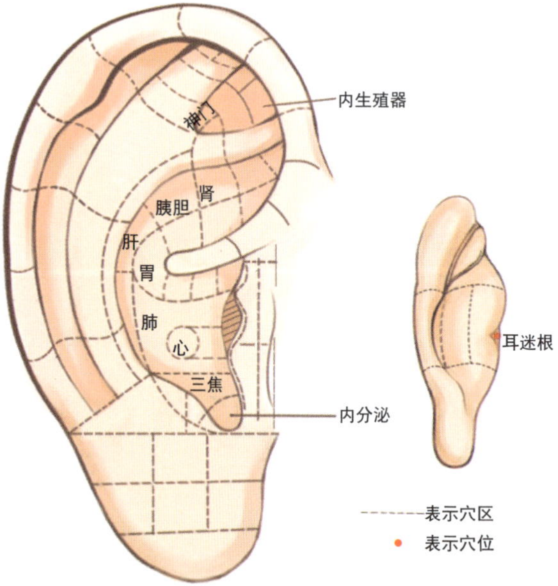

耳穴压丸法：主穴取胰胆、内分泌、肾、三焦、耳迷根，饮水多加肺，多食加胃，皮肤瘙痒或长期患疖肿加神门、心，伴性功能减退、月经不调加肝、内生殖器。取单侧耳穴，将王不留行子贴在相应耳穴上，每3日更换一侧耳穴，5～10次为一疗程。

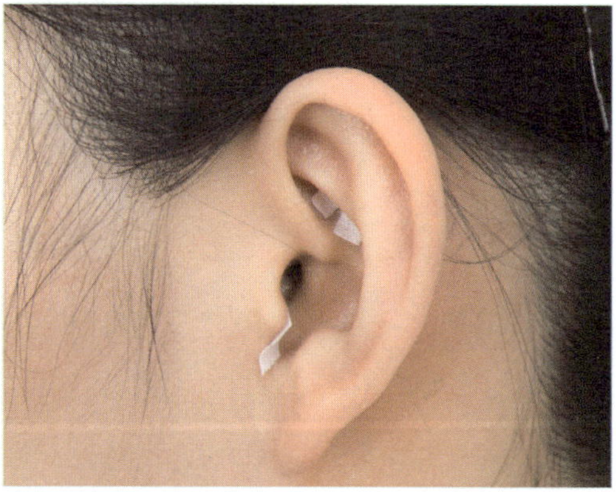

生活小贴士

① 严格控制饮食，节制肥甘厚味食物，适当增加粗粮、新鲜蔬果，禁烟禁酒。

② 注重精神调养，保持乐观心态，生活起居规律，避免过度疲劳，限制房事。

痛经

耳穴诊断参考

① 内生殖器区出现点状或小片状红晕，或在盆腔区、三角窝区的毛细血管呈网状扩张，内分泌区可见小点状红晕等。

② 在内生殖器区、内分泌区等可扪及粗糙不平，在内生殖器区、内分泌区、肝区、肾区、盆腔区可触压到或探及到敏感点等。

治疗选用方法

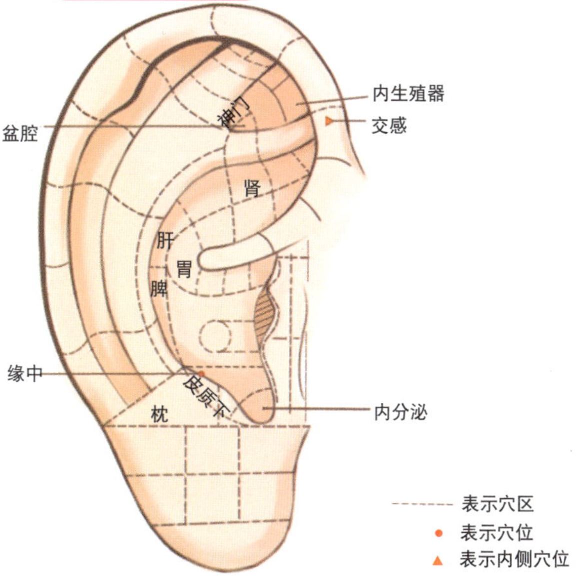

(1) 耳穴压丸法：寒湿凝滞取内生殖器、内分泌、缘中（或皮质下），配交感、神门；气滞血瘀型取内生殖器、交感、缘中（或皮质下），配脾、肝；气血两亏型取内生殖器、肾、肝、内分泌，配交感、神门。如恶心、呕吐加胃，伴有头痛、头晕加枕，伴乏力加脾。根据病情取单侧或双侧耳穴，将王不留行子贴在所选耳穴上，由轻至重对按至出现酸、麻、胀、痛、热感。每日自行按压4～5次，每穴每次3～5分钟。慢性患者隔3天换贴一次，急性患者隔日换贴一次。10次为一疗程，疗程间隔3～5天。

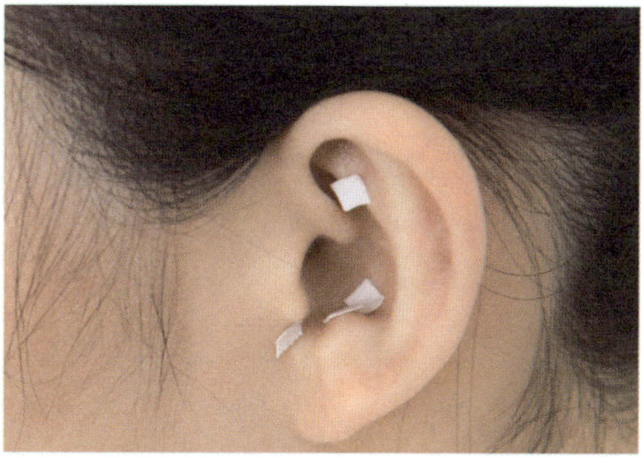

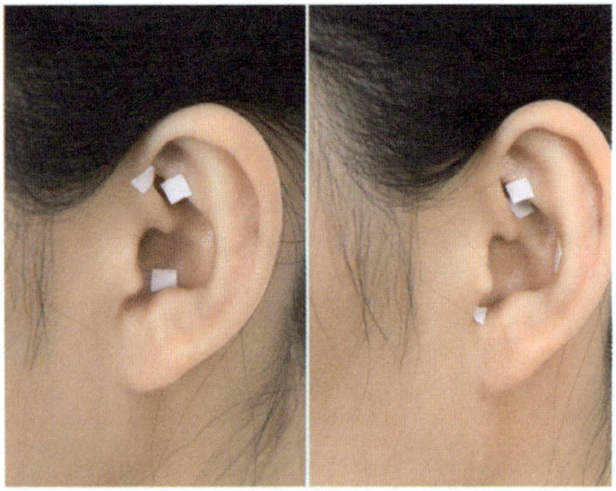

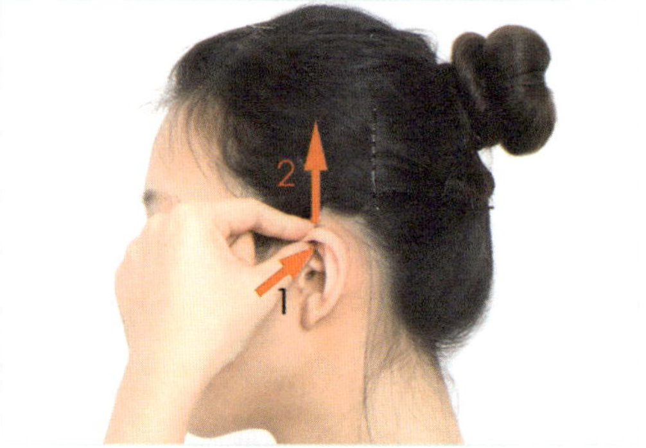

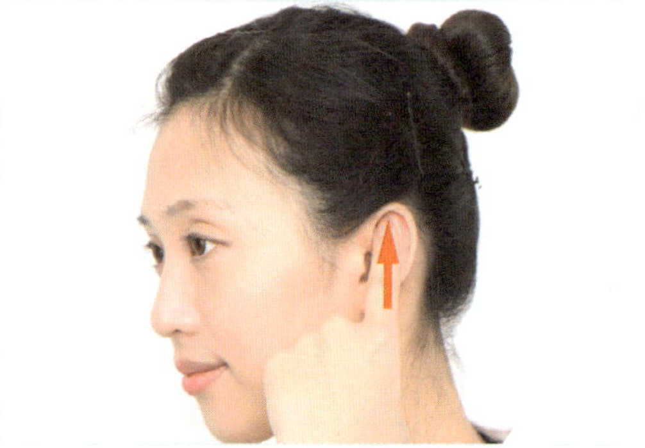

(2) 耳穴按摩法：由上至下捏揉耳周和耳郭4～5次，并对内生殖器、盆腔、内分泌、神门、皮质下施以重捏手法，持续1～2分钟，双耳交替进行。重按轻提内生殖器、内分泌各10次，双耳交替进行。先由轻至重，再由重至轻，点按神门、皮质下、盆腔各5～6次，双耳交替进行。轻揉耳朵，放松双耳。

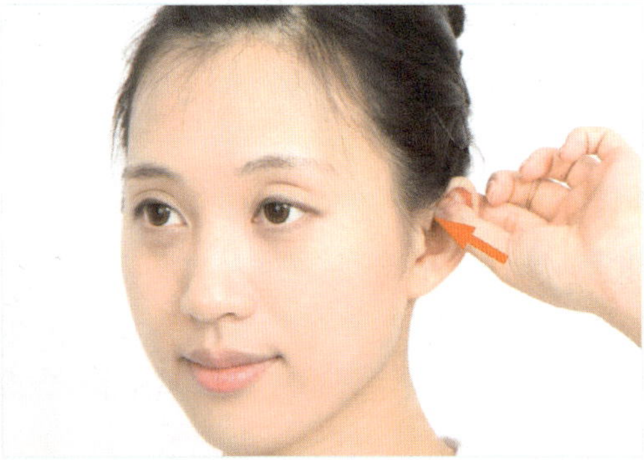

生活小贴士

① 稳定情绪，消除焦虑、恐惧感，避免精神刺激。

② 月经前后及期间，避免过度疲劳，防止寒冷潮湿刺激，做好经期卫生。

③ 饮食清淡、温热，适当增加酸味食物及理气活血的食物。

④ 平日加强锻炼，增强体质。

闭经

耳穴诊断参考

① 虚证者在内生殖器区、内分泌区可见白色点状，实证者可见暗红色丘疹或有暗红色的毛细血管瘀阻。

② 在内生殖器区、内分泌区可扪及粗糙不平或小点状突起。

③ 在内生殖器区、内分泌区、肾区、肝区、脾区等可触压到或探及到敏感点。

治疗选用方法

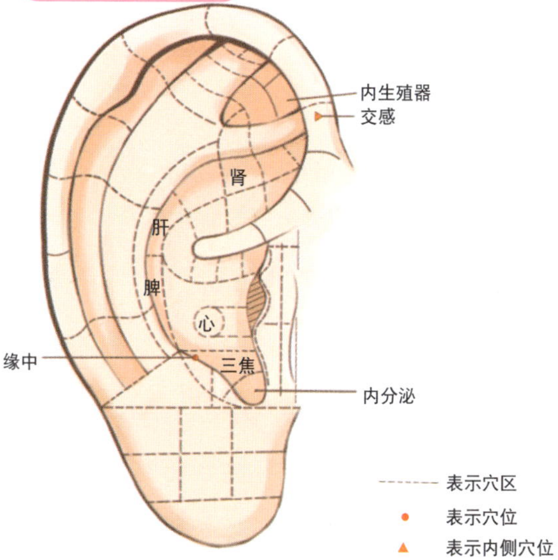

(1) 耳穴压丸法：主穴取内生殖器、内分泌、缘中，肝肾不足加肝、肾，气血虚弱加心、脾、肾，阴虚血燥加肝、肾、交感，气滞血瘀加心、肝、脾，痰湿阻滞加脾、三焦。取单侧耳穴，在所选穴位找敏感点，将王不留行子贴在敏感点上，虚证者轻揉按摩，实证者施以对压法，每日自行按压3～4次，每穴每次3～5分钟。隔2～3日换贴对侧耳穴，5次为一疗程，疗程间隔3～5日。

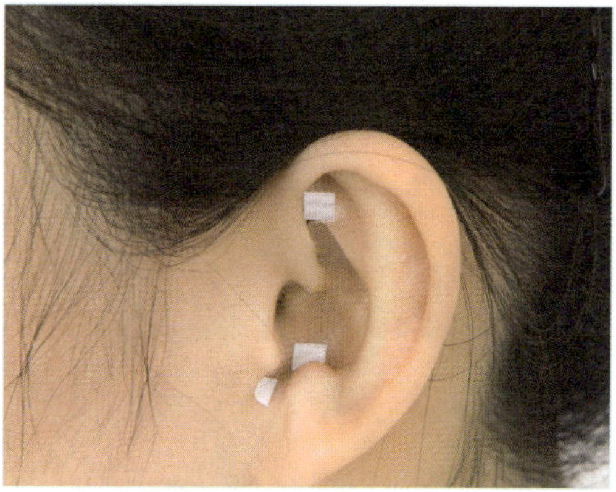

(2) 耳穴按摩法：由下至上轻捏耳周和耳郭4～5次，在内生殖器、内分泌、

肝、肾等处重捏轻放。重提轻放内生殖器10次，双耳交替进行。重提向外轻拉按内分泌5～6分钟，反复3～4次，双耳交替进行。点按肝、肾各2～3分钟，反复3～4次，双耳交替进行。由轻至重，再由重至轻，轻揉上述穴区各5～6次，持续时间为4～6分钟。

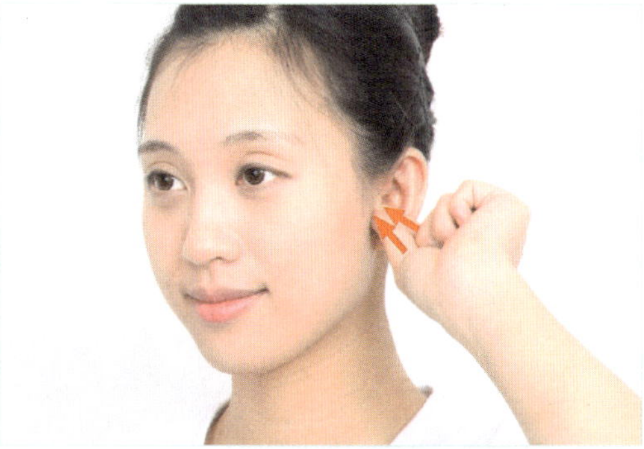

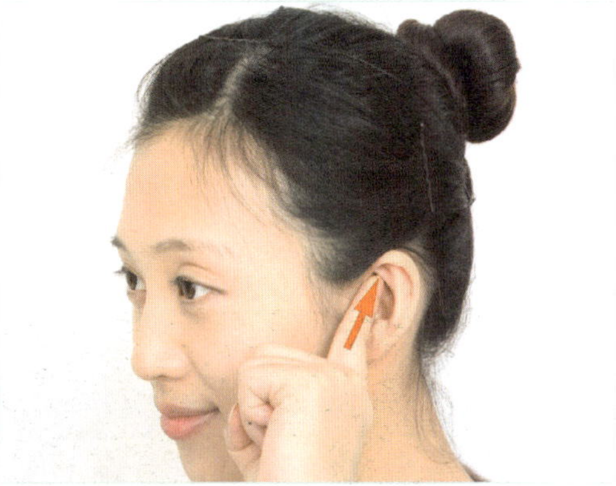

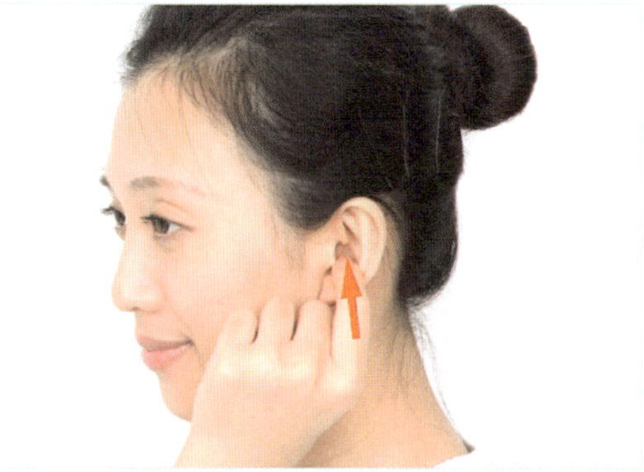

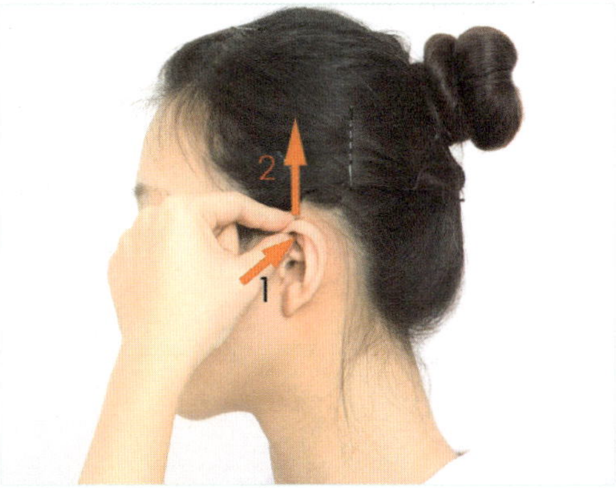

生活小贴士

①肥胖者加强体育锻炼，减轻体重；营养不良者适当增加营养摄入。

②月经期、产褥期要做好卫生保健，性生活要规律，不宜过频。

③解除心理负担，稳定情绪，配合治疗。

④增加饮水量，减少咖啡因和酒精的摄取；少吃乳制品，适当食用蔬菜、水果、三文鱼、沙丁鱼，少食多餐。

附录　耳穴常用功能分类表

1. 调节神经系统

功能	耳穴
兴奋	枕、额、肝、心、肾上腺、角窝中等
止痛	交感、神门、枕、皮质下、相应部位（病变部位在耳郭上的投影区），牙痛、骨痛证加肾，筋、肌痛证加肝、脾等
镇静	皮质下、神门、枕、垂前、胃、肾、心等
解痉	神门、交感、皮质下、相应部位等
止晕	枕、外耳、内耳、肝、神门、胃、耳尖等
止耳鸣	内耳、外耳、肾、三焦、枕、神门等
止惊	肝、枕、神门、皮质下、胰胆、耳尖等
止吐	贲门、枕、胃、皮质下、神门等

2. 调节内分泌类

功能	耳穴
调节内分泌	内分泌、盆腔、内生殖器、肝、肾、皮质下等
调节月经	调经：内生殖器、肾、肝、内分泌、交感、盆腔等 通经：内生殖器、肾、肝、内分泌等 止经血：内生殖器、脾、肾、内分泌、盆腔等 止痛经：内生殖器、神门、交感、腹、肝、内分泌、盆腔等

续表

功能	耳穴
降血糖	胰胆、内分泌、三焦、皮质下、口等

3. 调节脏腑类

脏腑	功能	耳穴
调肺	宣肺解表	肺、肾上腺、内分泌、额、耳尖、内鼻、轮1～4等
	止咳平喘	肺、气管、神门、交感、肾上腺、肾、口、耳尖等
	宣通鼻窍	内鼻、外鼻、肺、额、肾上腺等
	理气利咽	咽喉、口、脾、肺、扁桃体、内分泌等
	祛风止痒	肺、神门、肾上腺、心、枕、内分泌、皮质下、脾、肝、耳尖、相应部位等
	美容养颜	内分泌、盆腔、面颊、肾、脾、肺等
调肾	补肾填精	肾、脾、肝、心、内生殖器、内分泌、盆腔、神门、腰骶椎等
	通利小便	肾、膀胱、三焦、肺、脾、内分泌、盆腔等
	聪耳助听	外耳、内耳、三焦、肾、枕、膀胱等
	补肾缩泉	膀胱、肾、尿道、盆腔、肾上腺、内分泌、上屏等
	益髓健脑	肾、心、额、神门、皮质下、内分泌、耳尖等

续表

脏腑	功能	耳穴
调心	养血安神	心、肝、脾、肾、神门、交感、皮质下等
	清热解毒	肾上腺、神门、交感、心、肺、三焦、交感、耳尖、轮1～4等
	清热退火	耳尖、心、肾上腺、皮质下等
	醒脑开窍	枕、额、心、肝、肾、鼻、眼、舌、耳尖等
	通脉宣痹	神门、心、交感、胸、肩、锁骨、肾上腺等
调肝胆	疏肝利胆	肝、胰胆、三焦、交感、皮质下、内分泌等
	养肝益血	肝、脾、心、三焦、盆腔、内分泌等
	活血化瘀	心、肝、交感、皮质下、肾上腺、耳尖等
	调肝明目	心、肝、肾、眼、枕、脾、耳尖、腰骶椎等
	舒筋活络	肝、脾、肾、神门、交感、相应部位等
	平肝息风	脑干、肝、枕、神门、皮质下、肾上腺、耳尖等
	利胆汁	内分泌、三焦、皮质下
调脾	健脾助运	脾、小肠、胃、胰胆、内分泌、皮质下、十二指肠等
	健脾止泻	大肠、脾、直肠、神门、皮质下、三焦、肝、枕等
	和胃降逆	贲门、胃、枕、皮质下、神门、肝等
	理气消胀	脾、肝、胃、三焦、大肠、皮质下等
	统血止血	脾、肾上腺、相应部位等

4. 提高机体应急能力类

功能	耳穴
抗过敏	内分泌、肾上腺、神门、肝、耳尖、相应部位等
抗感染、抗炎	肾上腺、内分泌、神门、耳尖、皮质下、相应部位等
抗风湿	内分泌、肾上腺、肾、肝、耳尖、脾、相应部位等
抗休克	肾上腺、皮质下、心、肝、枕、脑干等
消除疲劳	脾、肾、额、口、神门、皮质下等
强壮保健	肾、脾、肺、心等